口述体育
现代体育与社会进步

Oral Sports
Modern Sports and Social Progress

张德胜 ◇ 口述

http://www.hustp.com
中国·武汉

内 容 简 介

《口述体育：现代体育与社会进步》选取当今热门话题——体育，以口头表达的形式讲解学术问题，深入浅出，让读者全方位、多角度了解什么是体育，是一本资深体育新闻传播工作者关于体育新闻传播教育的实践、认识与见解的文集，以作者2015年湖北省高校省级精品视频公开课《现代体育与社会进步》的课堂实录、讲话、专题报告等为基础，内容涉及体育与人生、体育与观众、体育与媒体、体育与城市、体育与青少年、体育与政治、体育与外交、体育与游戏等体育与社会方方面面相关的重要话题。全书引经据典，极富趣味性，对读者了解体育，了解体育新闻传播具有重要的参考价值。

图书在版编目(CIP)数据

口述体育：现代体育与社会进步/张德胜口述.—武汉：华中科技大学出版社，2017.3(2024.7重印)
ISBN 978-7-5680-2530-0

Ⅰ.①口… Ⅱ.①张… Ⅲ.①体育-新闻报道-中国 Ⅳ.①G219.2

中国版本图书馆 CIP 数据核字(2017)第 017495 号

口述体育：现代体育与社会进步 张德胜 口述
Koushu Tiyu: Xiandai Tiyu yu Shehui Jinbu

策划编辑：	周晓方 杨 玲	
责任编辑：	杨 玲	
封面设计：	原色设计	
责任校对：	张会军	
责任监印：	周治超	
出版发行：	华中科技大学出版社(中国·武汉)	电话：(027)81321913
	武汉市东湖新技术开发区华工科技园	邮编：430223
录 排：	华中科技大学惠友文印中心	
印 刷：	武汉邮科印务有限公司	
开 本：	710mm×1000mm 1/16	
印 张：	9.75 插页：2	
字 数：	170千字	
版 次：	2024年7月第1版第3次印刷	
定 价：	36.00元	

本书若有印装质量问题，请向出版社营销中心调换
全国免费服务热线：400-6679-118 竭诚为您服务
版权所有 侵权必究

Preface 说在前面

这不是一本严格意义上的学术著作,我更希望您把它当作一本有趣的体育知识读本。

在当今这个"互联网+"时代,体育的功能已逐渐突破传统的边际,它不仅能健身与健心,还能作为社交工具和身份标识,成为现代人优良的生活方式。今天,上至国家元首、政府首脑,下至贩夫走卒、黎民百姓,无不畅谈广场舞、马拉松、暴走、世界杯、奥运会、体育产业,无不谈论体育、运动与健康。

现在的格局是,人人都知道体育,但人人都说不清体育。正如一位西方体育社会学家所说,体育本身没有什么学问,但把体育说清楚需要学问。于是,笔者也加盟到说清"体育是什么"这个队伍中来,这并非要证明自己有学问,而是因为把体育说清楚,是体育类高校老师的责任。

2011年,我由广州体育学院调入武汉体育学院工作。教学、科研、育人是大学老师的三大使命,把课上好是大学老师的安身立命之本。在所有的课程中,我认为视频公开课最难,最需要功力。因为电视节目是一门综合艺术,视频公开课跟电视节目一样,知识性与趣味性、专业性与通识性一个都不能少,如果你讲得不好,连主讲人自己都不敢回看录像,就别指望成千上万用户同时在线观看了。

体育人天生喜欢挑战,笔者也不例外。2013年,笔者成功申报了省级精品视频公开课"体育解说评论"。2015年,笔者再次成功申报了省级精品视频公开课"现代体育与社会进步"。两相比较,前者显得更专更深,后者从不同的视角来考察体育与社会生活的方方面面,普适性更强。现在,这两门课均被推上全国著名的视频公开课平台——超星尔雅网络课程平台,接受全国用户的使用与"拷问"。

2014年巴西世界杯赛结束不久,应湖北省图书馆汤旭岩馆长之邀,笔者在省图著名的公益讲坛"长江讲坛"做了一次《狂欢的足球与我们的解读》的学术演讲,反响尚好,湖北教育频道也进行了录播。事后,某出版社又将本人的演讲转录成文字,拟连同其他讲座人的演讲词,一并结集出版,变成文字读本。应该说,在"长江讲坛"演讲的人都是名人,我也附带沾光变成"名人"了。

当初,出版社编辑将我的讲话转录稿寄来,希望我对其进行校对与订正。我花了整整两天时间,才把这两万多字的文稿理顺,回寄给责编,算作交差了事,并叮嘱对方出书时别忘了给我寄来一套。

然而,这一等就是半年,我打电话给对方,对方不接;发邮件给对方,对方也不回,毫无动静。很显然,对方早已没有了当初请我校对文字、核对文稿时的那份急切与热情。本人失望过后,却灵感乍现:求人不如求己,何不自己出版一本《口述体育》的书,把这篇演讲稿收录进来呢?于是,我萌生了把自己谈论体育的音视频材料转录出版的想法,以文字的形式传递给读者。毕竟我们是以体育传播教学与研究为业的人,对于体育的理解可能比常人多一些,全面一些,深刻一些,当然,更希望它有趣一些。

于是,我找来我的研究生任环、邓君昳、张宇璇、朱诗祺、肖婷、唐觅、刘溪溪等人,把我讲课的音视频材料一字一句转录成文字,一共转录出六讲,分别是:体育与观众,体育与媒体,体育与城市,体育与青少年,体育与政治,体育与外交。随后,我又追忆起自己曾以教师代表的身份,在全校2014级新生开学典礼上作过《用体育改变人生》的即兴励志演讲。我清楚地记得,那段演讲有些长,长达17分钟之久,虽然现场效果不错,掌声不断,但实事求是地说,讲得太长,显然是不合时宜的,当我意识到这一点的时候,已经有点晚了,于是我就加快了节奏,现在读文字,就会发现,我的演讲前后比重失调。另外,加上前面所说的在省图的演讲,于是就变成了本书的8讲。

通过转录与校对,我们发现,口语和文字其实是两种截然不同的表达体系。把口语表达变成文字表达,你会发现有太多的口头禅和语句不通顺。但为了保留口语表达的原汁原味,我们除了做语法上必要的补充与完善以外,尽可能保留原本的信息,保持现场交流感,避免枯燥和学究,以方便大家快乐地阅读,因为悦读是对生命过程的奖赏,无趣的表达等于赶跑读者。

如果您在阅读本书的时候,感受到了一种莫名的快乐,那就是对作者最大的褒奖。希望您通过阅读本书而了解体育,理解体育,进而热爱体育,参与体育,成为一个健康快乐的体育人。也许到了这样的境界,您就会反过来告诉我,"体育是什么,体育与社会生活的哪些方面还应该言说",并指出本书存在很多的缺陷与错漏。那,是我所期待的。

最后,诚挚感谢华中科技大学出版社的编辑杨玲和我的研究生任环同学,没有你们的鼎力相助,就没有本书的问世,也就无法通过本书建立起广泛的读者圈与朋友圈。

张德胜

2016 年 11 月 18 日于武广高铁 1121 次列车上

Contents

1	体育与人生:体育改变人生
7	体育与观众:讲不出再见
24	体育与媒体:电视比现场更"真实"
40	体育与城市:体育让城市更美好
61	体育与青少年:比比分更重要的是兴趣
85	体育与政治:权力与利益的多边博弈
102	体育与外交:小球推动大球
128	体育与游戏:狂欢的体育与我们的解读

体育与人生

体育改变人生

大家好!

我相信每一个人都希望听到掌声,遥远的掌声。今天的掌声,如果在四年以后还能像这样热烈,我们就成功了。

为了大家的成功,学工部部长煞费苦心,找谁来讲一讲呢?想到我,我觉得如果是任务我就接受,如果是其他的,我就不来了。我问有没有时间、内容限制,他说没有,你就当作是开学第一课。

相对于大多数而言,我是一个新人。我于2011年11月7号调回武汉体育学院,因为我是湖北人。我进校只有三年,因此算得上是新人。如此,大家进校只有三天,算得上是新新人类。我想,两类新人的交汇,更容易沟通感情。

以下,我作为一位老师,也作为一名家长,来跟大家谈谈心。

一、大学期间的七大关键词

在中学时,我们每一个人都是核心,是中心,是家长的宠儿、老师的宝贝,一切都为了出成绩,到今天这一刻,我们所有的核心汇聚到一起,可以产生很多核能量。这个核能量看你怎么引导,引导得好,就成功;引导得不好,就耗散。

可以说,今天离开了这个会场,我们所有的人都边缘化了,没有一个人会处在中心。所有人都会有一种不适应感,极度不适应。为什么?你不会处理事情,没有人去管你怎么学习,因此,我就想,第一个要告诉大家的是,在我们彷徨、迷茫甚至沉沦的时候,要有一个抓手,要有一个"救命稻草",这个"救命稻草"是什么呢?我说七个关键词:

第一,读书。我们来学校是念书,不是来旅游的。

第二，实践。我们今天所有的办学都是开放式办学，家长把我们送到学校都希望我们学有所成，不是几年之后出去待业。

第三，写作。所有的人都要写作。你们看今天电视里的《汉字听写大会》。现在电脑越发达，我们就越容易忘了祖宗的东西，提笔忘字。所以最好的作业是手写的，不是拷贝的。

第四个关键词是英语。即使全国都反对学英语，我们新闻传播学院从来不反对英语，如果条件符合的话，我们非常主张大学生进校第一个学期就考大学英语四级，第二学期考六级，如果你家庭条件允许，你可以考虑考研究生、考托福、考雅思，准备出国留学。

在上半年，好多人在关注国家的教育改革、高考改革，把英语从150分降到120分，当时我第一反应，这是中国的教育悲哀，不要高兴得太早，结果怎么样？还是150分。所以我想告诉所有的有志青年，你想飞得多高，英语就是你的翅膀！

第五个关键词是创新。年年都讲创新思维、创新人才，我们一定要学会创新。

这五个关键词其实不是我总结出来的，大家下去要多读一本书，2009年侨居美国的薛涌博士写了一本书叫作《北大批判》，北大、清华是中国最牛的学校，谁敢批判他们。薛涌，北大毕业的，做过北京晚报的记者，英语不好，他爱人先期到了美国，他花了好几年时间去美国跟读、陪读，终于拿到美国耶鲁大学的录取通知书，所以他对国外、对国外的创新教育理解较深。

这两年，我给新生做报告都会提及上述五个关键词。今年，我加两个关键词，这两个关键词算是"加菜"，送给我们2014级的新同学。哪两个关键词呢？

第一个，爱情。以前，我们在进行入学教育的时候，我们对学生说，你最好别谈恋爱。后来我有改变，如果你谈了也没有关系。再后来我又有改变，如果两个人处得不好，赶紧分手。为什么鼓励谈恋爱呢？因为，国家都允许大学生结婚，还有人在大学毕业的时候抱着孩子照毕业照，只要你合法，还能独立，不啃老，都是允许的，都是赞成的。

还有一个关键词，比爱情更重要，那就是体育。若体育是1，那么所有其他的都是1后面的0，没有体育支撑，其他都不存在。体育真是比读书还要重要。请听我慢慢道来。

如果想获得爱情，得看你有没有特别之处，刚刚进学校，你说你有非凡的才干,体现不出来,但是,在新学期一开始的班际运动会,谁能拿冠军,这个人就成为万众瞩目的中心,自然就有人追求。体育好,爱情自然来。反过来说,如果你的体育不好,你保卫不了爱情,也守护不了爱情。

在我上大学时,大家看我的海拔具有很大的"优势",我看一切人都是仰视的,但是我在大学的时候我也追求爱情。我要说的不是我们那个年代,说我们今天这个年代,我们新闻传播学院的学生,今年有367名新生,两百多个女生,一百多个男生,男生既是弱势群体,又是稀缺资源,可以料想,我们男生心里都在窃喜:真好!女生多多意味着机会多多。我告诉你们,同学,你机会很少。

为什么呢?根据我不完全地观察,新闻传播学院的女生最开始牵手的对象往往是体育教育学院的男生、运动训练学院的男生,为什么呢?体教、运训男生平均身高接近一米八,我们新闻传播学院的男生平均身高一米七几,高度决定影响力!高度决定魅力!

但是,没有关系,最后我们新闻传播学院的男生都突围了,到武汉大学去学双学位,到华中科技大学去考研究生,最后都把武汉大学、华中科技大学的女生带回学校。

二、体育是有组织、制度化、游戏性的身体竞赛

自从有了人类,就有了体育;或者应该说,体育比人类更早。为什么?动物"运动会"。你看动物界,动物每天都在游戏,人类也在游戏。游戏的反义词是"工作"。我为什么说大家入学之后,你们会有不适应,因为你们要学习,学习是另外一种工作。没有人爱学习,没有人爱工作,特别是还要缴学费。那么,游戏就是工作的解毒剂。但是,这个游戏不能只限于电子游戏。

人和动物都需要游戏。动物的游戏是本能的,人类的游戏是有组织的。有组织的游戏分为两种,一种是竞争式游戏,一种是非竞争式的游戏。

竞争式游戏又分为两种,一种是智力型的游戏,另外一种是身体竞赛。智力型游戏包括棋牌,包括电子游戏,而过度过量的智力型游戏,对人的身心有一定程度的摧残,只有身体性游戏才对人体有所帮助。

因此,美国体育社会学家对体育的界定,跟中国人不大一样。我们中国人把体育看得太高、太大、太全,既讲内涵又讲外延,认为体育是以身体锻炼为手段,促进人的健康、人格发展,适应社会发展的社会活动或文化活动,最后什么都不是。

美国人的定义很简单,体育就是有组织的、制度化的、游戏式的身体竞赛,体育就是"打起来"。

我硕士研究生阶段学的是美学。当时我想做足球美学方面的毕业论文,我导师开始不同意。我找到了教研室主任、著名文艺理论家童庆炳老师,他帮我说了一句话。我是1992到1995年在北京师范大学读的研究生,1994年见证了中国足球职业联赛的元年,我到先农坛体育场看球,万众欢呼的场景,我至今记忆犹新。

于是,我想要研究足球。我今天能够回到武汉体育学院当老师,就植根于我在20世纪90年代的足球美学研究。那时,童老师跟我说:"足球里面是有美学的,我们读本科的时候,中文系和历史系踢足球,当时我做守门员,历史系的前锋把我的骨头打断了,我在医院养伤养了三个月。我支持你,你要做中国的足球美学第一人。"这是他当时对我的一种鼓励。

三、体育对个人和国家都有三大功能

可见,体育无论对个人还是对国家,都有意义。

对个人而言,体育有三大功能,第一健身,第二健心,第三健群。所谓健身,促进身体健康;所谓健心,促进心理健康;所谓健群,促进社会交往。在武汉体育学院,你可以把什么烦恼都忘掉。我一个人在武汉生活,每天就是家、办公室、球场三点一线,我如何度过这一段时光?我最快乐的时候,就是在球场打球。前天校长给我打电话的时候,我没接上,我说"对不起,我在打球",他说"没关系"。

可以说,喜欢运动的人,打比赛的人,几乎没有坏人。

对国家而言,体育也有三大功能。

第一是稳定剂。体育可以有两方面的稳定作用,成绩很好的时候,它可以成为情感表达的载体;成绩不好的时候,它可以成为情绪宣泄的出口。广州恒大是广州市民情感表达的对象,中国足球、中国足协是国人唾骂的对象。

昨天我看到一则消息,中国足协说没钱,决定放弃参加亚足联竞选。我说,你没钱,我们可以给你捐款啦,本来,亚足联现在的代主席是原中国足协副主席、国际足联执委张吉龙先生,为何要放弃?另外,据说中国足协准备支持日本足协主席竞选亚足联主席,因为日本足协主席说了,他要支持中国足协申办2026年的世界杯。我说,足协你傻不傻呀?你信谁的话,也不能信日本人的话啊!

第二个功能,产业功能。我们今天讲体育产业,体育产业是一个完整的链条,包括赛事资源、媒体资源、广告赞助资源、受众资源,没有媒体就没有当今的体育,因为原生态的体育,它的影响力总是有限的,而电视体育影响的人更多。在某种意义上说,如果我们放弃了职业联赛,就等于国有资产的重大流失。何以见得?

在美国,体育产业占GDP的7%,在中国,不到0.7%。在美国,第一产业是军火,第二产业是金融,体育产业超过了汽车产业的两倍。在我们国家呢?体育产业还不是支柱产业。一个产业只有占到GDP的1%的时候,才能算支柱产业。我们要加油!中国的GDP要想超越美国,占据世界经济体第一位,体育产业前景广阔,在座的各位要担当!

体育还有第三个功能,那就是治理功能。十八大以来,党和政府提出了国家治理、政府治理概念,非常好。体育也有国家治理的功能。第一,体育讲究竞争和冒险,符合市场经济法则。第二,体育讲究规则和诚信,符合法治社会法则。

如果说美国有美国精神的话,那就是体育精神。你看,美国大学排名不像中国看"211""985""院士""课题""经费"等物质指标,美国最好的大学是常青藤联盟,这个常青藤联盟源自美国高校的橄榄球联盟。如果一所大学,既拥有校级橄榄球队,又拥有校级男女篮球队,参加NCAA联赛,那就是最好的大学。

我相信,终有一天,中国人对于大学的看法会改变,终究有一天,社会会认为这个孩子读的是体育大学,不简单!他会为你点赞!

四、武体学子应该看体育,玩体育,研究体育

作为武汉体育学院的学生,一定要体现体育特色,我们要做到三点:

第一,要热爱体育,看比赛。既要看电视直播,又要看现场比赛。看现场比赛要看门道,看电视直播要注意解说员的提醒,我们可以学习里面的团队精神和明星作为。

第二,一定要玩体育。也许你会说,我不会玩呀。你想,还有身体条件比张老师差的人吗?2011年,我打篮球把跟腱打断了,回到武汉体育学院后,我现在开始打网球,我们每个人都可以"一招鲜吃遍天"。打篮球,别的不行,我进不了里面,但是,我的三分球奇准,跟腱打断之后,投篮就够不着,现在改打网球。

大家要充分利用学校资源,在全世界大学中,拥有最多网球场地的,就是武汉体育学院。我们三个校区的网球场加起来,有50多片场地,所以我逢人就说,孩子,学习网球没有错。

第三,要研究体育。美国著名体育社会学家古特曼说过,体育本身没有什么学问,但是把体育说清楚需要学问。我们举个例子,过去十年,中国有三大国际体育巨星,"中国高度"姚明、"中国速度"刘翔、"中国力度"李娜。

那么,我想说说刘翔,从2004年至今十年时间,国人消费刘翔,刘翔也消费了国人。2004年我们欢呼刘翔,2008年我们质疑刘翔,2012年我们吐槽刘翔,2014年我们祝福刘翔,刘翔终于回归地球。刘翔终于在没有说他已经恋爱的情况下,就领了结婚证,刘翔没有临阵脱逃。

但是,刘翔卖了一个关子,他说他明年结婚,告诉我们什么意思呢?他还说他要复出。他还会复出吗?你信吗?我不信。但是,他在明年结婚,我相信。他在结婚之后,他还会说,我后年生孩子。后年生完孩子后,还会说,大后年,我还要上一个节目,这个节目叫作《爸爸去哪儿》。

刘翔就告诉我们一个道理,他为了他所代言的项目,在不断追求曝光率。所以,体育永远是商业的,体育永远是游戏。

五、结束语:用体育改变人生

一句话,既然我们来到了武体,我们就要爱上武体,爱上体育。

用体育改变人生!

谢谢大家!

(本文由辛梦霞博士根据口述者在2014级开学典礼上代表全校教师的发言录像整理)

体育与观众

讲不出再见

2015年6月8日的晚上,广州白云机场国际出发大厅被挤得水泄不通,来自广州恒大的近2000名球迷,来送别一个他们最敬爱的人,那就是被免去主教练职务的意大利人卡纳瓦罗。眼看飞机就要起飞了,球迷紧紧地围在卡纳瓦罗的身边,不愿离去,不愿意说再见(见图2-1)。

图2-1　卡纳瓦罗与球迷①

这个时候卡纳瓦罗急中生智,他跳到了值班柜台上,向全体送别者发表了短暂的、热情洋溢的讲话,然后是他那标志性的微笑、挥手,但是在最后一刻,卡纳瓦罗还是哭了,因为他被现场的球迷给唱哭了。现场的球迷唱了什么呢?两首歌,第一首歌《广州队》,第二首歌《讲不出再见》。大家知道,《讲不出再见》是著名粤语歌手谭咏麟的代表作,也是粤语歌曲的代表作。这首歌曲的高潮部分,是这样的,"我最不忍看你背向我转面,要走一刻请不必诸

---

① 虎扑体育中超新闻.http://voice.hupu.com/china/1921044.html.

多眷恋,浮沉浪似人潮,哪会没有思念,你我伤心到讲不出再见。"

的确,正像已故的前南非总统曼德拉所说,体育具有改变世界的力量。从今天开始,我们将从体育与观众、体育与媒体、体育与城市、体育与青少年、体育与政治、体育与外交的多重视角,来讲述《现代体育与社会进步》这一门课程。今天我们讲第一讲体育与观众,主题是"讲不出再见",其实就是说不出再见。

下面,我们主要讲三个方面的内容:第一,体育和体育观众;第二,观众的兴趣决定体育的成功;第三,体育如何留住观众。先讲第一部分,体育和体育观众。

一、体育与体育观众

在这一部分我们也讲三个问题:第一,体育或者运动或者体育运动;第二,体育观众;第三,它们两者之间的关系。

说起体育,大家最熟悉的,从全民意义上说,就是打麻将,的确,麻将是中国的第一大"运动"。为什么呢?几乎所有的人,只要是有点智商的、识字的都会打麻将,但是打麻将算不算体育运动呢?我们先看一看学者是如何界定体育的。

学者型官员梁晓龙认为,体育是指人类通过专门设计的身体运动和游戏,达到以增强体质、提高竞技水平和丰富社会文化生活为目的的一种独特的社会文化现象。可以说,他从哲学的高度,来把体育界定为社会文化现象。按照体育行政部门和体育学界达成的共识,中国的体育可以进行两个类别的划分,第一是竞技体育,第二是群众体育,其中群众体育又包括两个部分,学校体育、社会体育。社会体育主要指在社区、社会上举行的体育活动,学校体育就是我们在座的各位包括大中小学的学生在校园里面开展的体育运动。

我们再看一看,西方人怎么看,特别是美国人怎么看。我们知道,美国是世界上体育最发达的国家。美国学者古特曼认为,体育是一种游戏性的身体竞赛,它的中心词是身体竞赛。跟我们的社会文化现象相比较,身体竞赛是看得见摸得着的,是一种物理现象,所以从这个意义上说,中国的体育是一种哲学体育,而美国的体育、欧美的体育是物理体育,所谓物理体育就是要打起来。而中国的体育还要给人思考,以体育锻炼作为手段,以完善公民的人格作为目的,是这样的一种社会文化运动。所以,一个是形而上的体育,一个是形而下的体育。

美国人对于体育种类的划分,跟中国有相近的一面,他们也分成两类,一种是竞技体育,一种是大众体育。竞技体育,它还有另外一种说法,叫作力量表演型。在美国学者看来,美国的竞技体育其实就是竞技表演产业,运动员在某种意义上讲,就是一个职业工人,也或者说是一个艺术家。他们是表演者,运动和观众分离。那么,真正能够促进人的身体、心理还有群体健康的,是我们所说的大众体育,这种体育其实就是乐趣参与型。这是两种不同的划分方式。

很显然,欧美人所强调的体育是一种狭义的体育,就是"打"起来,而中国所认为的体育则是在更广泛意义上的。两者有共同之点,即都承认体育发端于游戏,体育和游戏有关,只不过中国人认为在游戏这个成分里面,在竞赛这个成分里面,它包括智力竞赛。大家看到的这两张图片,是我们校园里的两个雕塑。

图 2-2　智运会吉祥物　　　　　图 2-3　博弈铜雕

图 2-2 是 2011 年在武汉体育学院举行的第二届全国智力运动会的一个徽标,图 2-3 是一个下棋的老者,一个古代人的形象,一个铜雕,这就是中国人认为棋牌类也算体育的原因。在美国人看来这些都不算,美国人最崇尚的体育运动其实不是四大联赛,不是橄榄球、冰球、篮球、棒球,而是什么?大家想一想?拳击!拳击是美国人认为最像体育运动的体育,是看起来很野蛮,实

际上是一个很文明的竞技运动,何以见得呢?ESPN(Entertainment and Sports Programming Network,即娱乐与体育节目电视网)2015年世界体坛收入排行榜,一共选了10个人,这里我们来看看前四名(见表2-1)。

表2-1 2015年世界体坛收入排行榜前四名

序号	姓名	收入/美元	项目	国籍
1	梅威瑟	2.5亿	拳击	美国
2	帕奎奥	1.5亿	拳击	菲律宾
3	梅西	5630万	足球	阿根廷
4	C罗	5020万	足球	葡萄牙

我们选取前四名的情况,第一名是美国拳手梅威瑟,2015年他的收入至少是2.5亿美元;第二名是菲律宾人帕奎奥,他的收入至少是1.5亿美元;第三名是风靡全球的外空人梅西,他的收入是5630万美元;第四名是梅西的死对头,来自皇马的C罗,他的收入是5020万美元。梅西和C罗他们一年到头辛辛苦苦踢了几十场比赛,结果他们的收入只有梅威瑟的一个零头,那么梅威瑟他做了什么呢?为什么能有这么高的收入呢?

梅威瑟2015年就做了一件事情,他和菲律宾的帕奎奥举行了一场世界三大拳击组织统一战,决定谁是最后的拳王。那么,这场比赛从组织者来说,他们赚了好几个亿,具体说法不一样,说4亿、5亿、6亿的都有,但是,他们两人的收入是明确的,这一场比赛36分钟,12个回合,每回合3分钟,梅威瑟赚了多少钱呢?赚了1.9个亿!帕奎奥输了,第二名,他赚了1.3个亿!言下之意,你把它换算成36分钟,那每分钟多少钱呢?我们就不说每分钟多少钱,最后精算到每一秒钟,梅威瑟每一秒钟所拿到的钱是多少钱呢?大家想一想?你要脑洞大开才行,你想象不出来,每秒钟所赚的钱是8.8万美元,而这个帕奎奥每秒钟赚的钱是6万美元!这个出拳的速度,一去一来两拳就相当一秒,等于是赚了十几万美元,多厉害!拳击,除了是体育最本质的项目以外,更重要的,它意味着收入,它是一个很热门的产业。

刚才我们说了什么是体育,我们再来看一看,什么是体育观众?体育观众是指通过电视或亲临赛场观看体育比赛,并以此作为一种休闲方式的人。你会说,老师,你说得太复杂了,体育观众不就是围观的人,不就是看比赛的人吗?没错,但是这里面还要加一条,作为休闲方式的人。我们知道,休闲和工作是一对反义词,休闲是工作的解毒剂,就意味着休闲带有主动性、创造性,能够提高人的精神品质,不是随便看一看。那么,体育观众实际上跟体育迷和球迷是近义词,为什么这么说呢?体育迷其实比体育观众指向性更明确一些,"迷"就是迷恋体育的人。人生先必须有迷、有痴,然后才有所成,而球迷是因为体育项目当中,球类项目的观赏性最强,喜欢球类的人占体育迷、体育观众的大多数,所以,我们可以把这三个概念混同起来,一起来用。那么,体育观众主要是指竞技体育的观众,而不是一般的大众体育的观众,因为大众体育的水平会低一些,只有竞技体育它才能够吸引更多的人关注,才能够产生注意力经济。

好,我们再来看一看对于体育观众的划分方式。英国学者克列季认为体育观众、体育迷该如何划分呢?他根据体育迷离赛场的远近作为分类基础,离赛场最近且亲临赛场的人,可以称之为第一线的基本助威者;不去赛场收看电视转播的人,可以称为第二线的助威者;既不去现场又不看电视的道听途说者,好比说这几天欧洲冠军联赛,巴萨终于赢了尤文图斯,你没有看,但是你会对此津津乐道,你也算是一个体育迷,这就是第三线的助威者。

美国人 Lisa A Lewis 认为体育观众、体育迷可以根据痴迷的程度划分为三种类型:第一种类型 Fan,迷恋者;第二种类型 Fanatic,迷狂者;第三种类型 Deviant,越轨者。从第一到第二到第三,迷恋的程度增加,情感扩散,最后理智就容易丧失,很显然第一种、第二种是我们期望的,到了第三种就要受到干预或者处罚了。

在明确了观众的分类之后,我们再想一想观众,体育观众,他有哪些行为特征呢?主要有三点:第一,从数量上看,他是个体和群体的结合;第二,从观看习惯来看,他是现场观看和电视收看、电台收听相结合;第三,从观看的目的来看,他是功利与审美的结合。那么,体育和观众之间的关系,在我看来是皮与毛的关系,"皮之不存,毛将焉附?"是表和里的关系,表里合一。从表面上看,体育是皮。为什么这么说呢?先有体育,先有竞技体育然后才有观众。因为体育观众的产生是由于工业革命的产生,人们从农村来到了城市,产生了社会分工,然后有些人打球就不用再生产了,就专门打球,他为另外大多数人提供了娱乐。所以,先有皮后有毛。但是从本质上看,观众是皮,体育是毛,为什么呢?现在随着全球化进程,观众的市场能够刺激以体育为生的人,他们更积极更努力更花样翻新地去从事体育运动,观众使他们产生了内驱力,市场使他们看到了甜头,从这个意义上讲互为表里,互为皮毛。

那么,总结一下体育跟观众的关系,应该是体育娱乐了观众,观众养活了体育,好的体育就是不忍分离,难说再见。因为体育比赛都是季节性的,今年输了我明年再来,今年赢了我明年还想赢,但是,你能够年年赢吗?赢不了,所以它像波浪式地前进。

二、比赛因素决定观众的兴趣

刚才,我们已经说了第一方面的问题,体育、体育观众以及二者之间的关系。下面,我们再来看一看,比赛因素决定观众的兴趣。在这一个层面里,我们从三个视角来看:从赛事性质来看,高需求赛事吸引观众;从赛事结构来看,戏剧化的过程留住观众;从赛事结局来看,悲剧性效果陶冶观众。

(一)高需求赛事(赛事性质)吸引观众

先看第一个角度,从赛事性质来看,高需求赛事就是引人关注、吸引力大的赛事。高需求赛事这个概念,是奥运会媒体运行服务这个过程当中提炼出来的,就是这场比赛,它吸引的人会非常多,一般来说,球类运动是高需求的赛事,足球、篮球,你看奥运会的比赛,世界杯的足球就更不用说,网球,四大满贯,都是如此。但是,在有些地区有些比赛虽然不是全世界风靡,但在局部会引起狂潮,打个比方,近几届的奥运会,羽毛球比赛,林丹大战李宗伟,他们两个只要一见面,两个国家的电视台势必要竞相直播,引发国民的讨论,这也是高需求的赛事。

高需求赛事的吸引力由很多要素组成,在20世纪90年代中期的时候,我在北京师范大学读硕士研究生,我学的是文艺美学专业,但是我做的毕业论文是足球美学,论文的题目我到现在还记忆尤深,是《论足球的崇高美》,在论文里面,当时我就引入了和一些理工科的研究生同学共同研究的一个关于赛事吸引力的公式,这个公式就是:

$$Y = F(X_1, X_2, X_3, X_4)$$

这个公式是一个函数关系式,如果我们把Y表示赛事的吸引力,那么这个吸引力跟它有关的要素主要是四个方面:X_1表示代表关系,X_2表示级别水平,X_3表示主场资历,X_4表示裁判水平。

一般来说,竞技体育比赛,主场比客场有利,天时地利人和,而在主场的时候,裁判会忌惮主场的观众。从足球比赛来讲,现场观众就是第12人,所以从心理上讲他会影响裁判。那么,我们姑且把主场和裁判两个因素放在一边,最后实际上决定这个赛事有没有吸引力的主要是两个因素:第一是代表关系,我们所看的这场比赛,比赛的双方跟你有什么关系,如果比赛的双方有一方是我们的国家队,是我们的城市代表队,是我们的俱乐部代表队,那么,这个比赛就意味着有一半以上的因素可能产生吸引力;另外一个就是水平,级别和水平,世界杯、奥运会是最高级别的水平,那么如果是这样的比赛,那观众肯定是趋之若鹜。

高需求的赛事一般都有电视直播,比较符合媒介事件的逻辑方式。我们知道,媒介事件是在1992年由戴杨和卡茨提出的概念,它的逻辑方式,主要是三个词:竞赛、征服和加冕。这三个词是一个线性的过程,跟体育比赛非常契合。那么,电视在直播举世瞩目的比赛的时候,就意味着这个比赛的过程是全世界,至少是两个收看这个比赛的国度,观众在现场参与一种历史的进程,这是一个预设的,也是一个仪式化的、很庄严的一个过程,这个过程比结果还要重要,因为这个过程即使过了很久也会使人们难以忘怀。

(二)戏剧化过程(赛事结构)留住观众

好,我们再从赛事结构来看,体育比赛跟戏剧有着异质同构的关系,异质同构是一个心理学名词,我们怎样去解释这个名词,姑且不管。就好比说,我们学校在美丽的东湖之畔,我们很多同学有饭后散步的习惯,如果今天课后你和你座位旁边的女同学,一起到湖边散步,你就会发现今天的散步和过往的所有的散步都不一样,你会发现湖面上有两只水鸭在并头游行,这个时候如果女同学问你:"你看那是两个什么?"你脱口说:"两只鸭子啊!"女同学啪的一下"你真傻",那么这个时候,实际上在女同学的心目当中就产生了异质同构的关系,异质同构就是在审美主体看来,两件物理性质不一样的事物能够给主体产生相同的心理结构或者能量,所以,两只鸭子,那就相当一对鸳鸯,是爱情的象征,如果是三只,最好是一家三口,两个大的和一个小的。

体育与戏剧一样,都是三大元素的结合,行动、戏剧性与不确定性。行动、戏剧,它的行动就在于冲突,学界有一句俗话叫"没有冲突就没有戏剧",而体育比赛也在于冲突,没有冲突就没有比赛的过程。而这个冲突它不是平铺直叙的,它一定是跌宕起伏的、一波三折,而从最终的情况来看,它充满了不确定性,我们叫悬念追问。

戏剧跟体育稍微不一样,因为戏剧是把脚本编好了,只是观众不知道最后的结果,实际上演员心里都非常清楚,而体育比赛,观众和运动员都不清楚最后的结果,除非有一种情况会清楚,球员他打假球,那是清楚的。我们看到的这一个结构图,就是悬念结构图(见图2-4)。

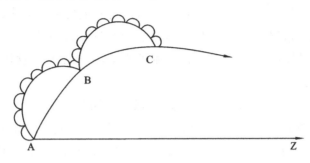

图 2-4　马丁·艾思琳:悬念结构图

它是英国剧作家马丁·艾思琳在《戏剧剖析》这本书当中所列出来的,我看到这本书以后,觉得它和体育比赛的审美心理结构非常相像,我们就把它借用到体育观赏中来。就好比说,假如比赛的起点是A,终点是Z,那么很显然,在这个过程当中,它不是平铺直叙的。就足球比赛而言,这场比赛最大的悬念就是谁输谁赢,几比几。那么,我们先把这个预想了以后,就把它放在一边,紧接着就再追问谁进第一个球,那么,进第一个球,从A到B就产生了一个中等的悬念弧线。如果说整场比赛是一个大的悬念弧线的话,那么,进第一个球就是一个中等的悬念弧线,在这个中等悬念弧线里又会产生很多的悬念要素。比如,禁区的犯规,点球,谁来罚这个点球,守门员扑往哪一边,最后守门员给扑反了,罚球的人梅西把点球给踢进了,这一系列的都叫悬念因素。有悬念就一定会有追问,因为观众只有在悬念的驱使下不断地追问,他的审美注意力才能够得以调整,否则他就会游离于比赛,或者游离于戏剧之外,他就会疲劳,就会睡觉。

(三)悲剧性效果(赛事结局)陶冶观众

从赛事结局来看,体育和戏剧又不一样,戏剧的结局是已经事先编剧好的,只是观众不知道而已,而体育比赛的结局充满了不确定性。最好看的比赛并不是一边倒的比赛,而是势均力敌、荡气回肠的比赛,这样的比赛充满了悲剧美感,就是赢的一方赢得非常崇高,输的一方输得非常悲壮。我们知道,在美学里,崇高是悲壮的集中体现。

打一个比方说,现在又在进行世界杯外围赛,在2001年世界杯外围赛的时候,中国队在西安主场迎战马尔代夫,最终的比分10∶1,大家说这个比分好不好?好。这个比赛打得好不好?不好。为什么呢?因为马尔代夫一个即将要被海水所淹没的岛国,这个国家的国家队是由什么人组成的呢?警察、学生、修鞋匠和卖水果的人,这些人也很爱国,问题是这样的人和我们由职业球员组成的国家队打比赛的时候,在我们的主场,他们还进了一个球。所以,比赛的第二天,《足球》报、《体坛周报》都用大标题把国家队批得体无完肤,这就是一边倒的比赛。

这几天正在进行女子足球世界杯的比赛,在加拿大比赛。要知道,女足比分一般都是很大的,最大的比分,德国队在某一届世界杯里10:0赢了尼日利亚女子足球队,上下半场各5个,非常平均。那么,很显然,这种不均等的大胜,它没有太大的意义,而真正有意义的东西一定是针尖对麦芒,火星撞地球。

同样,在过去十年的西甲比赛当中,除了马竞拿了一次冠军,搅了一次浑水以外,另外的九届冠军不是巴萨就是皇马,而这两个球队的核心成员特别重要。从今天的情况来看,皇马的三大组合叫BBC,有些貌合神离,而巴萨的三大组合梅西、苏亚雷斯和内马尔,人称MSN,是天作之合,一个赛季三个人进了120个球,大家处得非常好。由于巴萨太强大,皇马的主帅安切洛蒂一代名帅挂印而去,明年两个队伍的竞争会更加白热化,明年的西甲比赛还是这两个俱乐部唱主角,西甲就像一部电视连续剧。

三、非比赛因素壮大观众的规模

我们再来看一看第三个方面的内容,如果说第二方面内容是比赛决定了观众的兴趣,那么,第三方面是非比赛的因素能够扩大观众的规模,能够使观众的外延得以延伸,我们同样从三个方面来看非比赛因素。第一是根据媒体文化设置话题,第二是根据消费文化包装明星,第三是根据节日文化营造狂欢。

(一)根据媒体文化设置话题

先看媒体文化。我们都是未来要做媒体的人,媒体文化、商业文化和消费文化都是紧密联系在一起的,媒体追求的永远是当下和明天,它要讲究话题性,通过话题来吸引人的注意力,就像你打开娱乐频道,你会天天看到那一个叫作国民女婿的人,经常和那一个某冰、某雨是不是制造一些话题,表面看起来他们一天到晚开骂战,实际上背后他们有没有合谋?谁也说不清楚。那么媒体,体育媒体,同样也具有这样的属性,要进行话题设置。比赛的话题,可以分为赛前、赛中和赛后,分时段来进行,目的只有一个:博取眼球。体育比赛,我们知道世界上的体育城市,很多都存在一个德比的情况,篮球,洛杉矶,湖人对快船;足球,米兰,AC米兰对国际米兰。

德比之战最适合进行话题设置,好比说广州德比,广州恒大和广州富力是两支在中超里比较有名的足球队,每次打比赛,媒体事先都会设置这场比赛两个主教练之间的关系,两个队伍之间过往的战绩,两支俱乐部球队的球迷之间是个什么样的关系,进行炒作、发酵,最后的目的是希望比赛场内和场外都同样火爆,但实际上的广州德比温情脉脉,以至于今年刚刚过去的广州德比之后,广州本地的媒体都提出了质疑,所谓德比得有德比范。那么德比范是什么样的范呢?就像我们在网上看到的段子,一个辽宁人到上海去旅游,看到两个上海男人在那里吵啊吵啊,吵了半个小时,这个辽宁人上去把他们两个推开,"你们吵吵什么啊,打啊",人家就不打。那么,德比也是一样的,足球德比就是要"打"起来。

图2-5 德比球迷爆发冲突①

图2-6 德比球迷一同观赛②

在媒体看来德比应该是这样(见图2-5),球员打起来球迷也打起来,而不应该是这样(见图2-6),这个富力的球迷被包围在恒大球迷中间。这在西方的看台上是不可想象的,因为他的人身安全得不到保证。在我看来,真正的德比不一定要打起来,我们可以制造很多的噱头,可以制造很多的概念,但一定要文明观赛事、理智对输赢。

(二)根据消费文化包装明星

从消费文化来看,体育明星是广大观众的消费对象,这种消费是一种非实体的符号消费,因为今天这个社会叫消费社会,与消费社会相对应的是生产社会。生产社会是人们的生产满足自身的需求,那么到了今天,由于科技

---

① 全体育图片社。
② 新华网。http://news.xinhuanet.com/sports/2013-08/26/c_125243107_2.html。

发达,生产力不断地提高,生产的物品要远远高于人们实际的消费需求,在这个背景下,人们更多的消费就变成了符号消费。

打个很简单的比方,在座的女同学,很多同学如果根据需要的话,实际上不需要那么多衣服,但我们去查寝的时候,又发现,有些寝室里面,每个人都有一个用布料做的衣柜,实在是没有地方放,最后有些同学把衣柜放在靠近窗台的桌面上面,结果窗户也被堵住了。很显然,你所拥有的衣服已经远远超出了你的实际需要,这就是典型的符号消费,名牌是我们青年人所追逐的,因为你所拥有的就代表你具有这个品牌的品质。

体育比赛能够形成消费的,主要的当然是当红的明星。在过去的十几年、二十年,从足球来说,能够被世界球迷消费的对象,在20世纪90年代到21世纪的初年,主要是罗纳尔多和贝克汉姆。这两人从球技来讲,罗纳尔多高于贝克汉姆,但就最后的影响力来讲,是贝克汉姆高于罗纳尔多。贝克汉姆,他真正的法宝,就是一脚右脚的任意球,香蕉球,经常能够产生助攻。而他们之后,足球明星又改朝换代,就变成了小罗,罗纳尔迪尼奥,领过风骚三五年。在他之后,就变成了梅西和C罗的一统天下。我们再来看一看教练,教练也可以成为媒体和大众消费的对象,比如,穆里尼奥和瓜迪奥拉,他俩只要在一起,就能引起媒体的关注和炒作。

不管是教练还是球星,运动明星、巨星、姚明、刘翔、李娜,他们一定要具有当今媒体对他们进行消费的一个要素上的要求,这个要求我把它列为四点:第一,成绩要好,不能昙花一现;第二,个性要鲜明,要有故事;第三,胜利形象要酷,社会形象要佳;第四,上镜效果要好,静显服饰动动态之美。

卡纳瓦罗(见图2-7)就符合我们刚才说的四大要素。 这四大要素集聚在

图2-7 卡纳瓦罗①

---

① 重庆晨网.

一起，我们就叫作男神，而从学术的角度上讲，叫作型格。所谓型格，是有型有格，型是指他的外形塑造，格是指他的气质外露。卡纳瓦罗给中国人，给全世界的人留下的印象就是帅气，他的帅气除了他的五官、发型之外，最主要体现在哪方面？微笑，迷人的微笑，但是，很不幸的是卡纳瓦罗下课了，卡纳瓦罗下课所引发的舆论和悲情非一般人所能想象，我们下面就分析一下卡纳瓦罗的下课。

从消费主义的角度来看，实际上是公众对卡纳瓦罗进行的一场悲剧心理学的消费。何以见得呢？因为在悲剧效果理论里面，两千多年以前，古希腊的哲学家亚里士多德就认为，悲剧之所以能够产生效果，就在于它有一个法宝，这个法宝就三个字，叫"过失说"。什么叫过失说呢？悲剧是指一个有缺陷的好人，因为自身的过失而导致命运发生了逆转，因为坏人产生了悲剧那就死了活该，这就意味着跟我们在座的人很类似的人，由于你不可抗拒的过失导致命运发生逆转。逆转在悲剧里，在戏剧的悲剧里，实际上就是人物的毁灭、死亡。那么卡纳瓦罗的下课，我个人的看法就是一句话，一个帅哥，好人，曾经的英雄，在没有过失的情境下，命运发生了逆转，从而引发观众、球员、教练、群体性的恐惧与怜悯，最后宣泄了人们内心的不良情绪和情感。

下面我们再具体看一看什么叫作一个好人。卡纳瓦罗，意大利的网民曾经做过一个评选，作为父亲他是最合格的家长，作为丈夫他是超级好男人。到了中国，对于球员而言，卡纳瓦罗是一个好兄长，每当恒大球员进球的时候，卡纳瓦罗经常冒着受伤的危险双膝跪地进行滑行，和球员庆祝。对待媒体和观众他彬彬有礼，和蔼可亲。我们知道，古罗马就是现在的意大利，人们在发掘古罗马遗址的时候，发现在古罗马的废墟里面有非常多的雕像，可以说当时的雕像与当时罗马的人口一样多，言下之意，罗马人非常能够代表欧洲人，罗马的男人都像一具雕像一样美，而我们虽然没有见过蒙娜丽莎的微笑，但是我们见到了卡纳瓦罗的微笑，他是帅哥。再看看曾经的英雄，卡纳瓦罗从俱乐部到国家队都取得了一系列的辉煌战绩，最值得称道的是2006年，他作为意大利国家队的队长，蓝衣军团的领袖，拿到了世界杯的冠军。在这一年，他还拿到了欧洲足联颁发的金球奖和国际足联颁发的世界足球先生，这些荣誉就是我们媒体讲的殊荣。

我们再来看一看他在无过错情况下的遭遇，什么叫作无过错？卡纳瓦罗上任只有212天，他接手的时候，主力队员一个一个因为伤病而离开了球场，特别是外援，高价外援，最后只剩下一个高拉特。到了他下课的这场比赛，广州恒大打天津,高拉特也因为几张黄牌累积,不能上场,在极其困难的情况下,广州恒大逆转战平了天津队,应该讲,这个平局胜过拿三分,非常不容易。如果说卡纳瓦罗有瑕疵的话,那就是在他上任的这200多天的时间里,他一共打了正式比赛23场,其中获胜11场,平6场,负6场,胜率没有超过50%,从这个意义上讲,不太能满足恒大俱乐部的要求,命运造成逆转,就是卡纳瓦罗最后下课了。

那么,他的下课如何引发观众、球员、教练的恐惧与怜悯呢?对于观众来讲,卡纳瓦罗下课最伤心的,第一是女球迷,因为女球迷不可能再近距离地接触意大利的帅哥。第二是恒大的球迷,因为卡纳瓦罗离开的时候,虽然胜率没有超过50%,但是他的球队毕竟在中超里面还是并列第一,在亚冠里面进入了八强,是连续几年中国俱乐部能够进八强的球队。第三部分球迷,就是对蓝衣军团意大利还怀有怀旧情怀的那一部分球迷。对于球员来讲,同样会产生同情心理,干得好好的一个主教练说免就免了。那么,对于球员来说,老板说什么时候把你卖了,就把你卖了,NBA就是这样的,NBA卖掉一个球员根本就不跟你商量。对于教练来说,兔死狐悲啊,而且广州恒大俱乐部有这样的传统,彭伟国刚接手,广州广药变成广州恒大,彭伟国刚刚当了教练,当了一个月时间,兴高采烈,每天聚精会神,投入很大,然后一边有人带着彭伟国去参观恒大集团的荣誉式,另外一边就准备开新闻发布会,韩国人李章洙接替彭伟国,这是2010年的事情。那么,2012年的时候,李章洙的结果又怎么样呢?刚刚打完亚冠,战胜了泰国的武里南,怀着喜悦的心情,在飞机上难以抑制内心的激动,这个时候飞机没有落地,恒大俱乐部的官方代表,就跟李章洙说,你下课了。所以,卡纳瓦罗,当他打平了天津队的时候,正准备兴高采烈去参加新闻发布会,结果人家告诉他"你不要参加新闻发布会了",俱乐部告诉他"你下课了"。卡纳瓦罗最后出现在球员面前,所有的球员都很悲伤的时候,他微笑;出现在媒体的面前,他微笑;他的意思是说,我是带着微笑来的,我一定要带着微笑离开。到了最后一刻,实际上在机场,他的微笑转化成了泪水,那是因为《讲不出再见》,这一首他听不懂但他能感觉到的粤语歌。几千人怦怦的心跳感染着他,最后一刻他哭了。

这么一个好人,都能像这样地突然命运无常,对于我们普通人来讲,就会容易产生恐惧,那么我们的命运,我们的明天在哪里?你不安全。卡纳瓦罗太值得我们同情了,从卡纳瓦罗的身上能够看出我们的生活其实有无常的一面。另外一方面,怀着对广州恒大俱乐部很复杂的一种情绪,球迷就认为广州恒大在折腾,只不过以前它折腾赢了,但是现在这个折腾它不一定能够赢,为什么这么说呢?本来广州恒大最黄金的时期就是2013年,里皮带领南美的"三叉戟"孔卡、埃尔克森、穆里奇,但结果这一年结束之后,没有人跟孔卡说我们愿意跟你谈一谈续约的事情,你想一想,如果留住了孔卡,留住了穆里奇,加上埃尔克森,不用再加更大的投入,恒大应该说会在很长一段时间内在亚洲所向披靡,在世界扬名立万。

应该说,卡纳瓦罗的离去对于广州的媒体和公众来说,充满了离愁别绪,但是有一个赢家,那就是广州恒大。广州恒大以它惯有的产生劲爆效果的方式,吸引了世人的关注,因为他们又引来了一个新的世界冠军教练斯科拉里。这个斯科拉里能够保持广州恒大在媒体、在公众面前更大的悬念与想象。这样一看,广州恒大要卖出去的不仅仅是足球,还有矿泉水、牛奶、房子等一系列的恒大产品。

(三)根据节日文化营造狂欢

从节日文化来看,比赛日就是狂欢日,狂欢节是节日的一种,它遵从亲昵、俯就、插科打诨、粗鄙等逻辑方式。这套理论不是我提出来的,是苏联的一个美学家叫巴赫金,他在《陀思妥耶夫斯基诗学问题》当中提出来的,我们借用这个理论,来看一看体育作为狂欢的节日能给我们带来什么。

所谓亲昵,就是人与人之间无比的亲密,这个好理解。所谓俯就,就是身份高的人向身份低的人靠近,叫作降格相从。很简单的比方,1994年美国世界杯开幕式上,美国总统克林顿代表全美向来自世界各地的运动员、教练员、裁判员表示热情的欢迎,当时美国人在体育场里没有做专门的看台,没有做专门的主席台。你看,中国人在体育场里做专门的主席台,最好的位置留给贵宾,留给主席。其实体育比赛中最好的位置要留给谁?留给媒体,留给摄像机,留给记者。因为他们要为N多的没有来现场的人,找一个最好的角度进行转播。而当时克林顿讲话的地方,就是在两片看台中间的一个过道上,这么大的一个桌子,往上面一摆,他讲话完了之后,你知道发生了什么?直到今天我都非常惊讶,在我平生收看比赛的过程中就见过这一幕,后来还从来没有见过,哪一幕呢?

克林顿讲完话之后,回头向看台后面走,迎面走来一个赤膊大汉和克林顿热情相拥,克林顿的周围没有任何一个保镖,当然我们也相信有保镖,但是在这个时候,保镖并没有起身去驱离或者制服这样的一个球迷。因为足球本来就是天下第一运动,是下层人的运动,是工人的运动,而这刚好也暗合了政治家需要亲民的一个需求,这就是俯就。

另外,你回头再看一看,1998年世界杯颁奖的时候,也是没有主席台,一众贵宾和法国总统希拉克坐在看台的座椅上面,座椅前面临时放了几张台子,结果在颁奖的时候,法国队的队长德尚的个子比较小,总统最后一把就把德尚从前面就拉到了总统前面的桌子上面,这样就使领奖的运动员的屁股全部对准了贵宾,这也是一个俯就。

插科打诨是戏剧中的一个词语,通过夸张的动作,诙谐的语言,两者结合起来来一点搞怪,讲一点笑话,引发观众哄堂大笑。那么,我们看到的这个图片(见图2-8),大家都很清楚。

图2-8 乳神里克尔梅①

这张图片叫作乳神里克尔梅,里克尔梅是巴拉圭的一个职业模特,身高1米82,她在2010年观看南非世界杯期间,因为模特的职业需要,她要凸显她的三围。结果一个不经意的动作(她说不经意,但是我想背后还是有一个公司的团队在策划)把她的手机插到了她的胸前,结果引发了全世界对于这张图片的疯传。自此以后,这个里克尔梅从一个模特就变成了一个生意人,最后还把自己脱了个精光,拍了很多写真,相反写真的效果还不如这张图片,为什么呢?著名的符号学家罗兰·巴特说过,当一个女人把自己脱得一干二净的时候,美感也就消失了。

---

① 网易体育. http://2014.163.com/14/0630/03/9VV68BSN000505HF.html#p=9J1EDV5900720005.

粗鄙就是粗俗、鄙陋。这一个在体育看台、看台文化里面,最常见的就是北京的京骂,京骂从国安的看台延伸到首钢篮球的看台。京骂从心理学上讲,它是一种加油方式,是一种宣泄,但从伦理学角度上讲,它肯定是不文雅的,你的宣泄给别人带来了伤害,它就不能称之为加油艺术。真正的狂欢应该是这样的(见图2-9),这张图片是2014年德国队在巴西世界杯上击败阿根廷队获得冠军,他们回到德国受到国内民众欢迎的场面。

图2-9　德国队庆祝夺冠①

这张图片的构图特别有意思,上面的四分之一是一个桥梁,桥梁上面是行人,结果表明这个图片它的空间地理位置非常立体,然后下面的四分之三,我们可以做一个分析:右边的三分之一的部分是河流,而左边的三分之二的部分是游行的人群,中间是主角、彩车,左边和右边刚好形成一个对应和呼应的关系,用右边的河流来映衬左边的人流、人群密集,用右边的自然流动来形容左边疯狂的有序。更重要的焦点在这部车,它有一些数据和图案,这些数据1954、1974、1990、2014加上一个惊叹号,就像一个穿行时空隧道的列车,前面车头由小到大,我们能看到一个行进的过程,最有意思的是,这四个数字代表了德国队曾经拿过4届冠军,每一次冠军都是一颗星,一颗星、两颗星、三颗星,当它到第四颗星的时候,它不是星,而是德国著名也是世界有名的梅赛德斯奔驰的车标。因为人们经常把德国队比喻成德国战车,而奔驰是全世界最好的车,而这里还有一个寓意,顶级的体育比赛最后一定要回归到体育产业,回归到体育赞助,就像这一辆德国奔驰车一样,德国队再好,最后还要借奔驰车来加以呈现,所以奔驰就成了德国最后的动力。

---

① 西部赛事网. http://www.westvs.com/html/2014778.html.

从这一幅图片，我就想起了我们今天这堂课开头所说的，体育具有改变世界的力量，而团体的体育，国家队的比赛，它的荣誉是至高无上的，就像习近平主席在2013年所说过的，"体育是社会发展和人类进步的重要标志，是综合国力和社会文明程度的重要体现"。这两句话，前面的一句话是基于人类意义来说的，它没有功利性，后面这一句话就有很强的功利性，也是一个愿景，希望体育能够成为国家强大的一种动力。当然，要说到中国体育最大的愿景，那就是足球，因为今天举国上下都在开展足球运动，最显眼的，除了竞技足球以外，就是我们的学校足球，中国人的足球梦和中国人的中国梦是一脉相承，那就是"中国队世界杯出线，举办世界杯比赛和获得世界杯冠军"，这既是习大大的愿望，也是我们全体中国球迷共同的愿望。

四、小结

各位同学，今天我们从体育、体育观众以及他们之间的关系入手，主要讲了两方面的问题，一方面是观众的兴趣决定体育的成败，另一方面，非比赛的因素决定观众规模的大小。我们最后的落脚点，是希望我们在座的各位不单纯要做观众，为了实现这一目标，我们职业的体育人要努力、要发奋、要图强，我们在座的同学也应该由观众变成运动家，我们要做体育活动的参与者，体育赛事的观赏者，体育文化的传播者，体育产业的建设者。

好了，今天的讲座到此结束，谢谢大家！

（张宇璇转录，任环校对）

体育与媒体

电视比现场更"真实"

法国著名社会学家皮埃尔·布尔迪厄在《奥林匹克运动会》的分析提纲中提出,在体育与游戏中,所谓的百米冠军,或者十项全能的冠军,表面上看起来是体育运动会、体育比赛的主角,其实体育比赛是分两次完成的。

第一次是由运动员和他的团队成员——教练员、经纪人、裁判、服务人员、礼仪人员、安保人员共同表演来完成,这就相当于一个比赛的上半场。

那么,真正的第二次表演,是由影像和话语制作人员来完成的,其实就是我们说的电视转播,那么电视转播的主角,往大点说是电视台的总编辑,往小一点说应该是导播。观众所能看到的影像跟镜头,主要是导播来切换的,所以,这个第二次表演比第一次表演更重要。从某种意义上来说,它更真实,为什么呢?因为观众并不清楚在现场表演的情况,而且,即使是身居现场的观众,他所站的角度,永远只有一个视角,他看到的,永远是在他这个位置能看到的,而电视机前的观众,他能看到由十几台甚至几十台摄像机从不同的方位切换出来的镜头,那都是最好看的,也是最能够反映比赛现场的,特别是电视,还有慢镜头回放。这样一来,我们看到的影像就相当于是一个基本的事实。

同样的事实,就是我们讲的国际公用信号,几乎所有的电视台在大型比赛,特别像奥运会、世界杯这样的赛事当中,全球观众所看到的影像是一样的,但是不一样的地方在哪里呢?在各电视台自己的解说和评论,所以从这个意义上说,即使是同一种影像反映出来的效果也会不一样。因此,皮埃尔说,电视比现场更真实。实际上,是更能够满足电视观众的心理需求。那么今天,我们就以电视比现场更真实为主题,来说一说体育与媒体的关系问题。

今天这一讲,我们主要讲四个方面的内容。第一,媒体的特性;第二,体育与媒体的双向共生关系；第三，媒体建构体育；第四，媒体建构观众。

一、媒体的特性

先看第一个大的问题，媒体的特性。我们都学过《新闻学概论》和《传播学概论》，媒体的特性，媒体的价值有很多的说法，但起码有三点，我们要注意。媒体能够给受众提供的内容有三点：第一，事实；第二，意见；第三，娱乐。所谓事实，就是关于事件和人物的信息；所谓意见，是对于能够形成焦点的事实，人们对它的解读；而娱乐，主要是以轻松、搞怪、大家愿意接受的方式来进行观赏。

拿刚刚过去的国际足联主席的竞选来说，事实上就是布拉特和阿里王子两个人的竞争。从意见来看，全球的媒体几乎非常尖锐地一边认为布拉特可以，一边认为阿里王子可以。当然，也有不少观众，或者不少的读者，以及不同的媒体认为两个都不行，但最终的事实是布拉特取胜了。而布拉特是国际足联历史上，所有的主席当中争议最大的一位，以至于我们中国的媒体，在布拉特再一次当选主席之前，也有轻松搞怪的报道，如果布拉特下了台，我们怎么办？如果布拉特下了台，2018年和2022年两届世界杯的举办地会不会发生变化？中国有没有可能成为这两届当中某一届的替代者呢？很显然，这是娱乐的一种色彩。可以说，电视要做的事情，就是要建构体育和观众经验的重要形式，因为电视除了大众传播以外，更重要的是一种娱乐工具。

在过去的一年半中，全球最重要的体育赛事，非巴西世界杯莫属。那么，巴西世界杯，央视购买了独家版权，央视报道巴西世界杯也遵从的是媒体提供内容的三个特性，首要的是传播事实信息，那就是全部64场比赛的影像。64场比赛从直播来讲，每场比赛也就一个多小时，那么，60多场比赛其实也就是100多小时，但在巴西世界杯期间，中央电视台的两个频道几乎是全天候地播出，除了比赛的直播以外，更多的时间以专题的形式来进行转播，那么，这些专题节目当中，有一个很重要的节目叫作《我爱世界杯》，强调的更多的是观众对刚刚过去的一天比赛的体验，以及对即将要到来的这场比赛的期待。为了激发观众对比赛的热情，中央电视台使了一招，使了哪一招呢？美人计。

在中央电视台体育节目主持人当中，刘语熙可以说不是最漂亮的，或者换句话说，她不一定是最漂亮的，谁漂亮谁不漂亮根本就没有第一，因为文无第一，武无第二，不好说，但是，起码刘语熙她很有活力。刘语熙是中央电视台体育频道《NBA最前线》的主持人，她有一个特点，不是说她很喜欢篮球，她背后也有一个团队。我们讲的是编导团队，为她在进行运作，其中有一种运作方式是特别好的，策划了什么呢？在NBA的比赛中，刘语熙如果穿哪个队的队服，那么这一个球队基本上是不赢球的。所以，在巴西世界杯期间，在《我爱世界杯》这个栏目当中，刘语熙也重新扮演了预测大师这样一种角色，延续了在篮球预测中的惯例，叫作反向预测。她不预测哪个队赢，但是她可以预测哪个队输，其实就是增加一种娱乐效果。最后的结果，刘语熙只要穿哪个球队的衣服，那个球队基本上就很难赢球。

所以，网上最后就形成了一个段子，这个段子叫什么呢？贝利的嘴，保罗的腿，刘语熙的着装最奇诡。我们都知道贝利是乌鸦嘴，贝利最喜欢巴西队，每次都认为巴西队赢，而巴西队一般都输了，所以其他的队伍对于贝利是唯恐避之不及。而我们知道在2010年南非世界杯期间，有一个很准的预测大师，不是人，是一个动物，它叫保罗，章鱼保罗。这一回，央视的成功就在于刘语熙着装的预测，形成了一个新的段子，进而把央视的娱乐色彩提高到了一个新的级别。

二、体育与媒体的双向共生关系

（一）体育依赖媒体吗？

今天要说的第二个方面的问题，体育与媒体的双向关系。在说体育与媒体的双向关系之前，我们先思考两个问题，第一个问题是体育依赖媒体吗？第二个问题是媒体依赖体育吗？

在中国我们把体育分成大众体育或者群众体育与竞技体育。在美国，把体育划分成商业体育和大众体育，商业体育是挣钱的，大众体育需要政府来购买服务。那么，这两种体育对媒体的依赖其实是不一样的，非商业的体育也就是我们说的大众体育，其实它既不依赖于媒体，也不可能由媒体来改变或者破坏。言下之意，媒体关不关注大众体育，其实对于大众体育的发展影响不大，对大众体育影响大的应该是什么呢？应该是政府。

但商业体育它不一样，商业体育它必须依赖媒体取得作为娱乐的成功，什么意思呢？商业体育如果没有媒体的支持，很难成功，因为商业体育也就是我们说的竞赛，体育竞赛表演业。体育竞赛表演业，它第一位的要素是电视转播权，如果没有电视转播的费用，它很难去维护、维持俱乐部的运作。在

NBA有30%的收入来自电视转播权,在美国的橄榄球大联赛,60%的收入来源于电视转播权,即转播权卖出去的收入。所以,从这个意义上讲,商业体育跟电视体育的关系异常紧密。

商业体育跟电视的关系,不仅牵涉比赛的直播,实际上只要是能够形成话题性质的东西,都可以把它变为商业价值。就好比说,中国人在NBA最成功的是姚明,其次是易建联,那么姚明是2002年去NBA的,易建联2007年,晚他5年去NBA,两个人到NBA的第一场比赛,我们就简称"姚易大战",这是媒体异常关注的。

"姚易大战"的第一场叫作第一季,全球媒体关注的热潮出乎意料。这一场比赛是休斯敦火箭队主场迎战密尔沃基雄鹿队,姚明作为东道主欢迎易建联的到来,这一场比赛全球有2.5亿观众收看,你要知道李娜获得澳网的冠军,我们中国有一亿多观众收看了直播,但是还不敌姚明和易建联他们两个的第一次NBA球场对决。这一次见面,媒体蜂拥而至,设计了很多的环节。在比赛的过程中,媒体的报道把姚明和易建联作为两条线索,其实他们两个人打的位置并不一样,姚明是中锋,易建联是大前锋,两个人在比赛中对立的时候并不多。比赛的结果,当然是姚明得分高于易建联,而易建联的发挥也比平常要好很多。媒体在对比赛的报道上,强调这场比赛他们更看重的不是比分,而是姚易二人代表中国人在NBA的形象,更看重的是他们两个人重逢之后,还有哪有些观众不知道的,或者说是鲜为人知的细节,其中就包括姚明请易建联吃饭。

在中国,一个人要请另外一个人吃饭,是一件非常客气的事情,请吃饭,如果到酒店吃倒没什么可说的,因为他们两个人都不缺钱,但姚明没有去酒店,姚明设家宴。姚明在美国开了一家很好的餐厅,叫姚餐厅,很多的媒体记者蜂拥而至,都跑到姚餐厅去目睹他们两个人吃饭的情形,结果扑了一个空,姚明没有在姚餐厅请易建联吃饭,姚明在家里请他吃饭,姚明的母亲亲自下厨,而姚明的父亲、妻子都热情欢迎易建联。我看到有一家报纸说,两个人大声说话,大口吃饭。我们知道,文明社会或者吃饭的讲究,是要悄声细语的,而他们两个人通过这种大声大口就表明两个人是兄弟,是同胞。

(二)媒体依赖于体育吗?

好,那我们再反过来问一个问题,媒体依赖于体育吗?最能依赖于体育的媒体,应该说是电视和报纸,网络、杂志不是很依赖体育。据统计分析,如果一份综合性的报纸没有体育版,它的销量会少30%。电视如果没有体育节目,那么人们的日子就很难过,为什么呢?电视观众以男性为主,以高学历、高收入人群为主,那么高学历、高收入的男性在每周工作的时候都比较累,而周末的时候,他希望得到放松与休息。这样一来,比较好的放松休息的方式,除了户外运动以外,最好的就是在家里看电视,看体育直播。

所以,很多电视台为了迎合电视观众,就把周末当作黄金周末,你看中央电视台体育频道整个周末都叫直播周末,它不是一场比赛的问题,是整个星期六、星期天从早上开始,一直到晚上。今年央视更加放大了周末的概念,刚刚过去的这一轮中超联赛,它从星期五晚上就开始了,因为星期五晚上也相当于周末了,然后星期五、星球六、星期天、星期一的晚上还有一场比赛,这样就把周末的概念扩大化了。

(三)体育和媒体:经济力量刺激共生关系

体育和媒体究竟是一种什么样的关系呢?我们来看(图3-1、图3-2)。

图3-1 鳄鱼与燕千鸟①

图3-2 犀牛②

第一张图片——鳄鱼。鳄鱼张开它的大嘴,我们可以看到它的獠牙,在它张开的嘴里停着一只小鸟,小鸟干啥呢?小鸟在帮鳄鱼剔牙,所以,我们就把这只小鸟叫作牙签鸟。鳄鱼多么凶残的动物啊,只要是吃的,来者不拒,但是它不吃小鸟,因为小鸟是它的好伙伴,它们是一个共生关系,小鸟为它剔了牙,就能够保证鳄鱼的牙齿健康,鳄鱼若没有牙齿那就像战士没有枪。

我们再看另外一种动物——犀牛。犀牛身上也有一只鸟,叫犀牛鸟。犀牛的视力比较差,几乎跟瞎子、盲人差不多,但是犀牛的听力、嗅觉特别好,犀

---

① 互动百科.http://www.baike.com/wiki/%E7%87%95%E5%8D%83%E9%B8%9F.
② 百度知道.http://zhidao.baidu.com/question/359966610525724412.html.

牛皮是最厚的,能够抵御很多东西对它的攻击。不过,犀牛皮也有软肋,那就是它的褶皱的地方,它的褶皱的地方是非常薄的,很多昆虫甚至细菌由这个地方侵入,犀牛就奈何不了。所以,犀牛鸟主要的任务,就是在犀牛的身上给犀牛做清道夫。

这两种鸟跟这两种动物之间的关系,在生物学上来讲,就是一种互利共生的关系——谁也离不开谁。

体育跟媒体的关系,就像这两种鸟和这两种动物的关系一样,是双边、双向的共生关系,这种共生关系是由经济刺激产生的,所以,我们说体育和媒体是经济力量刺激的双向共生关系。在这种关系当中,体育和媒体每一方都依赖于另外一方来取得商业上的成功,并且在世界不同的社会中,使彼此都占据主流文化的地位。

以奥运会和世界杯为例。在奥运会和世界杯中,体育通过媒体的赞助,建立了国际奥委会和国际足联这两大组织的合法性和权威性。电视通过报道体育赛事增强和改变了转播技术。有一句话是这么说的,"转播技术比军事技术还要高级"。反过头来讲,转播技术实际上是运用了当今科技最先进的技术,只要在转播技术中能够用的,在军事技术中也能用。

体育为电视改变了竞赛规则、比赛时间等。比如体育赛事当中的暂停,暂停就是为了插播广告。再如体育比赛的规则,以前乒乓球赛制是 21 分制,现在为了缩短整个比赛的时间,把乒乓球的赛制也改了。21 分制的时候,乒乓球一场比赛,中国打瑞典,在世锦赛出现了好几幕,那是跟马拉松一样,非常好看,荡气回肠,但是时间太长,又不利于电视的广告效应,所以后面做了分数上的改变,包括排球。排球 21 分,到了第 5 局的时候就变成了 15 分。

三、媒体建构体育

好,我们再来看第三个方面的问题,媒体如何建构体育?媒体建构体育有下面一些主题,我们一个个来分析一下。

第一个主题——成功主题。媒体认为要给受众一个印象,从事体育容易成功,那么从事体育如何成功呢?强调通过竞争、努力可以达到成功。每一个人都渴望成功,每一个人都希望自己不拼爹,能达到成功。所以,在美国的四大联赛当中,黑人运动员非常多,因为黑人运动员,他们的父辈、他们的祖辈都没有什么太好的资源,但是他们就想通过自己的努力来达到成功。这样一来,黑人的青少年就觉得模仿体育明星,可以走上职业的道路。

那么现实的情况如何呢？其实，统计测量告诉我们，并不是从事体育都能成功，有专家分析，黑人从事法律和从医成功的比率，往往高于黑人从事体育比赛，当职业运动员。但体育为什么给大家这个印象呢？因为从医和法律的活动，很少由电视进行直播，而体育比赛只要进行电视直播，就放大了这样的一个效应。比如今年NBA的常规赛的最有价值球员库里（见图3-3），就是一个典型案例。

图3-3 库里"MVP"造型①

实事求是地讲，从个人的身体条件来看，库里并不杰出，个子不高，体重也不大，用北方话来讲，长得不壮。因为篮球运动员如果长得不壮实，他就没有冲击力，而恰好库里成功了，他力压哈登、詹姆斯而一举荣膺最有价值球员。在接受电视采访的时候，库里的妈妈就说，其实库里在篮球场外，在生活中是笨手笨脚的。而在篮球场上，库里能够有今天，跟他的家庭很有关系，因为库里的父亲是一个职业运动员，而她的母亲又很贤惠。库里是过去55年以来，金州勇士队继张伯伦以来，第一个最有价值球员，而且库里是金州勇士队时隔40年之后带领队伍闯入了决赛的球员。谦逊是他最大的特点，家教帮助了他，他的父亲是职业运动员，你球打得再好，如果你不把该做的事情做好，也不行。在美国，我们讲的半商业的比赛是大学联赛，大学联赛当中，运动员的成绩一定要好，这样你才能代表校队。如果你的成绩不好，学分不能修满，你是不能代表校队的，而库里就有这样的经历。有一次他在学校联赛的时

---

① 虎扑论坛．http://m.hupu.com/bbs/14710078.html．

候,他本来回到学校可以上场,但是那一天他跟教练说,今天我不能上场,教练说为什么呢?他说,今天我没有洗碗,因为按照我们家里要求,我必须负责洗碗,但今天我很匆忙没有洗碗。这说明库里是一个非常诚实的人。

这就使我想起了我们民间有一个说法,如果一个男生,你要找女朋友,或者说你要找媳妇,你不只看这个女朋友,你还要看谁啊?看女朋友她妈!所以,你找女朋友,是一定要看一看未来的岳母娘,如果未来的岳母娘是一个很好的人,是一个很贤淑的人,那么她的女儿一定不会差。相反,一个女同学,你要找男朋友,那你不单纯要看男朋友是不是高富帅,你还要看一看你男朋友他爹是个什么样的人,如果男朋友他爹在事业上非常成功,很有人格魅力,那么这个男朋友不会差到哪里去。在这个问题上面,其实东西方是人同此心,心同此理。

第二个主题——性别主题,也就是我们说的男性、女性主题。西方媒体认为,男性更适合于从事体育运动,男性从事体育运动更容易成功,所以西方媒体在报道体育明星、体育运动员的时候,往往男性的比赛会占85%。当然,中国的情况是一个例外,因为在竞技体育,尤其是在奥运会中,中国的女性体育比男性体育成绩要好。女性运动员拿的金牌比男性还要多,但是在欧美,就存在这种刻板成见。

1992年巴塞罗那奥运会期间,中国双向飞碟射击项目有个运动员叫张山,她参加了男女混合飞碟的射击比赛,最后拿了冠军,力压几个大老爷们。在颁奖台上,亚军和季军把张山给抬起来了(见图3-4),从此以后国际奥委会就取消了男女同场竞技,为什么呀?没有得到官方的说法,有人估计是这个项目的组委会,或者说飞碟这个国际赛事组织,他们认为女人让男生很没面子,所以就取消了。这就表明在有些项目上,其实男性跟女性差别并不大。

第三个主题——种族主题。种族主题在欧美的媒体或隐或现,当然隐性的比较多,显性的比较少,公开地搞种族歧视,当今这个社会是没有的,但民间还是有一种逆流存在。

1968年墨西哥奥运会期间,美国运动员汤米·布朗和他的队友在200米比赛当中获得了金牌和铜牌,美国国歌响起的时候,他们两人,他们的举动可以说令世人震惊(见图3-5)。为什么呢?他们两人垂着头然后举起手,手上戴着黑色的手套,脚上还穿着黑色的袜子,这是什么情况?原来在20世纪60年代,美国的种族歧视到了无以复加的地步,黑人走在街上,白人就会喊黑鬼,哪怕再有名气的运动员,你离开了这个奖台,下去之后照样得不到尊重。

图3-4 张山①

图3-5 愤怒的黑手套②

这样一来,黑人的民权运动轰轰烈烈。很多黑人运动员就准备在奥运会前夕集体退出美国队,抵制奥运会。在这个背景下,美国代表团急了,于是就搬出一个救星——杰西·欧文斯,1936年柏林奥运会黑人金牌获得者,四块金牌的获得者,由欧文斯出来劝说大家,不要这样做,这样做不利于奥运会的团结。美国的黑人运动员就没有放弃继续参加奥运会,但是到了领奖台上,出现了这一幕,这一幕的性质,它比较严重,它是典型的政治介入体育,所以国际奥委会非常生气,要封杀这两位运动员。而美国的奥委会立即把这两位运动员从墨西哥驱逐出境,让他们回到了美国。两人从此不能再参加奥运会,也不能参加有奖金的体育比赛,他们两个就失业了。

1996年美国亚特兰大奥运会期间,组委会把布朗又请了出来,做了奥运会的火炬手,这是重新来审视这段历史,他们两人当时在领奖台上的这种做法肯定是不得体的,但是这个不得体是因为不得已,它代表的是黑人这个种族在美国社会的一种抗争,所以美国人后来理解了,后来和解了,恰好亚特兰大是美国民权运动的中心,所以,就出现了这样和解的一幕。这也是挺令人

---

① 新浪体育. http://2008.sina.com.cn/hd/sh/p/2007-08-06/194821727.shtml.

② 网易新闻. http://news.163.com/12/0720/06/86RBENT800014AED.html.

欣慰的一件事情。

前面的三个主题是非常重要的,非常普遍的,那么后面的主题我们就简单地来看一看。第四个主题——国家主义和国家团结主题。凡是代表国家的比赛,不是代表运动员个人,所以大家的精神头、精神斗志比一般的时候要强,一旦获得比赛的胜利,国家的荣誉感、尊严感就油然而生。在东西方意识形态对抗最激烈的时候,西方的自由主义,对东方的社会主义,他们除了国家意识,觉得这是国家对国家的竞争,他们还认为这是不同意识形态的竞争,当然今天就不太强调这种意识形态的竞争。

第五个主题——团队协作主题。体育一定要有团队,即使是一个人的比赛也是有团队的。李娜著名的自传叫《独自上场》,其实李娜背后有个庞大的国际团队。当今足坛最著名的球星梅西,也不能脱离团队。梅西的个子不高,只有一米六八,阿根廷盛产一米六八的足球运动员。你可以数一数,马拉多纳、梅西、孔卡、萨维奥拉这都是一米六八的,非常奇特。梅西已经有两冠在手,联赛和国王杯赛,在刚刚过去的国王杯,梅西一个人独过四人的情形,使人想起了当年罗纳尔多在巴萨过人的景象。人们假设,如果时空穿越,梅西跟罗纳尔多要同场竞技,对抗一下,谁更强呢?结论是:不能假设。

更有意味的是欧冠马上要开打了,我们期望梅西能够夺冠,梅西能够有今天,跟他与教练的和解也有关系。按道理来说,巴萨的主教练恩里克也是西班牙历史上很有名的球星,在职业联赛中,既在巴萨打过,也在皇马打过,还代表过西班牙国家队。但是在初期,他跟梅西沟通不畅,他管不了梅西,第一场比赛梅西状态不好,他把梅西换下来了,结果梅西一发脾气,训练都不参加了,两个人的关系非常僵硬。但是随着比赛的进程不断深入,随着两个人对于事业、对于价值的共同追求,两个人和解了。

当全世界看到梅西和恩里克相逢一笑的镜头(见图3-6),都有暖心之感,因为服从领导和教练能够体现出忠诚和效率,这是运动员必须记住的。

第六个主题是心理和生理的攻击性。体育就是一种身体的竞赛,就是要打起来,就是要对抗。我们发现西方人最喜欢的运动是身体的直接对抗,次之才是隔网对抗,再次就是单独的、没有对抗性的,如跳水、体操这样的独自表演。对于攻击性,实际上媒体是持赞成态度的,觉得男人受点伤没什么,对于伤病的体验也是一样的。伤病除非是队医说你不能打,否则你就一定要坚持。姚明在NBA中,给我们印象最深的是季后赛有一场比赛,他受伤了,

图 3-6　梅西冲西甲 300 球①

队医劝他回休息室,他没有到休息室,在通道里下蹲了一下,然后扶着墙做了几个深呼吸,觉得身体没有大碍,扭头就重新回到了赛场,回到了队友当中。这场比赛姚明带伤上场,最后火箭队取得了胜利。

第七个主题——消费主义主题。消费主义强调的是你所购买的就代表你的个人形象,而这些商品、这些消费的指南谁代言呢?年轻运动员。所以,就形成了一个链条,球迷崇拜球星,除了崇拜球星之外,意味着崇拜球星的一切,球星所代言的产品也是球迷的追求。如果你穿耐克,就意味着你有耐克的品质。

以上的这些主题分析,在科克利《体育社会学》中均有论述。

四、媒体建构观众

我们再来看一看第四方面——媒体如何建构观众,或者也可以说,媒体如何建构观众的观看经验。

第一,观众收看电视体育节目与他积极参加体育运动的关系。这两者之间是不是成正相关呢?是不是说,你收看了体育节目直播之后,你下去之后就模仿明星,更多地去打比赛,或者说你收看电视多了以后,你就不从事体育运动,就干脆一天到晚看比赛这两者没有太大的相关性,就是说没有数据能够支撑任何一种说法,但有一点是肯定的,如果一个人看电视看得太多,对于

---

① 腾讯新闻. http://sports.qq.com/a/20160206/027082.html.

身体肯定是有害的。那么,这种情形在传播学里面,对于看电视看得很多的人,沉迷于电视的人,我们称之为"沙发土豆"(见图3-7)。

图3-7 "沙发土豆"①

"沙发土豆"们喜欢边看电视边吃东西。到了世界杯期间,那吃的东西就更多了,啤酒是成箱地喝。美国有一个幽默作家叫艾尔玛·邦贝克说过,如果一个人连续看三场橄榄球比赛,他应该被正式宣布死亡,看都把人看死了。

第二,收看电视体育节目与现场观看的关系,即收看电视体育节目的多少和到现场看比赛多少的关系。研究表明,收看电视节目的多少和到现场观看高水平比赛的次数成正相关,收看电视节目的多少和到现场看一般水平的比赛的关系成负相关。如果你经常看NBA的直播,你就可能不大愿意去看我们的校际或者班际篮球赛。除非你自己是一个篮球运动员,如果你喜欢看NBA的直播,那么,有机会的话你就一定会去现场看NBA或高水平的比赛,因为毕竟去现场看比赛的机会是很少的,也导致到现场看比赛的人也是很少的,而看电视直播的人会更多一些。

第三,就是使用体育报道有助于改善人际关系,特别是同事关系和伴侣关系。我们讲,中国人在上一个世纪见面时说得最多的一句话是:"您吃了吗?"在那个穷苦的年代,如果我说我没吃,你可能也不会打算真的请我吃饭,因为那只是一句客套话。那么,到今天这个年代,人和人见面的第一句话,可能经常问的就是"昨天的比赛您看了吗?""我看了",或者说:"昨天的比赛在半夜,今天我要早起,我没有看,但是我看了今天早晨的媒体报道。"

在夫妻关系中,或者伴侣关系中,世界杯、奥运会就会形成一个奇特的现象,叫作"足球寡妇"或者"体育寡妇"(见图3-8)。因为比赛太多、太好看了,

---

① 新华网. http://news.xinhuanet.com/jiaju/2012-09/25/c_123759259.html.

那些核心受众——男人们、先生们,他们往往沉迷于比赛,而忽略了他的伴侣——妻子、女朋友的感受,在家里既不做卫生,也不买菜,也不做饭,就像瘫了一样,瘫在沙发上。在这种情况下,妻子、女友就会有意见,她们说,在家里活人跟死人一样,那我们像寡妇一样。当然,这是网络上对她们一种诙谐的称呼,准确地说,并没有"足球寡妇"这样的一种称呼。

图3-8 世界杯制造"足球寡妇"①

当男人们都沉浸在世界杯、奥运会转播中不能自拔的时候,女人们也有自己的去处,那就是商场。因为购物是女人消费最好的方式,也是发泄的最好方式。因为在消费时代,女人最喜欢做的事情,是购一屋子她不会经常穿的衣服。

第四种构建是媒体发现了女性观众。这个"发现"用得很好,其实就不存在发现,本来就存在。就好比说,世界各大电视公司每一次世界杯、奥运会的报道都面临着很大的压力。刚才讲第二次表演比第一次表演更真实,但是皮埃尔还说过,第二次表演比第一次表演更难,为什么呢?第一次表演,运动员把自己做好就行了,但是对于电视直播来讲,除了要做好信号,做好解说以外,它还要错位经营,差异化发展,还要想想竞争对手怎样报道这个比赛,因此这个里面他就需要反复琢磨。

美国著名的电视公司NBC,认真研究了从1988年到1992年两届奥运会,因为它们都购买了电视版权,结果发现并没有挣钱,他们就觉得要改变,所以NBC在1996年亚特兰大奥运会之后就发生了改变,什么改变呢?他们

---

① 中国新闻网. http://www.chinanews.com/ty/news/2010/05-26/2304077.shtml.

的报道就分成男性观众和女性观众，对待男性观众有对付的办法，对待女性观众最好的办法就是讲故事。因此，前NBC体育事务总裁迪克·艾伯索尔就说过，男性欣赏体育是由外部进入，先关注比赛本身，如果可能的话，然后才关注有关运动员及相关事件。而女性则是从里面出来，在对某项赛事发生兴趣之前，他们要了解相关运动员的个性，对他们产生认同。

言下之意，用审美心理学的理论来说，男性和女性，他们的审美心理是不一样的。女性的审美心理叫作移情，而男性喜欢内模仿。我先听说某个人他有某个故事，我就盯上这个人。比如1994年美国世界杯决赛的意大利队队长罗伯托·巴乔，在中国人看来，他扎一个小尾辫，他有蓝色忧郁的眼睛，所以我们把巴乔称为忧郁王子。而巴乔本身他又信仰什么啊，改了他的信仰，从信仰基督教到信仰佛教，他非常安静，是这么一个人。那女性就觉得我喜欢巴乔，只要巴乔有比赛，我就关注他。

同样，网球里面，中国的很多女性喜欢纳达尔或者费德勒。在足球明星中，十几年以前，中国的女性基本上都是贝克汉姆的球迷。女性是先喜欢这个人，再去关注这个比赛，这叫移情。

而男性不一样的，他直接看这个比赛，这个比赛打得怎么样，从过程到结果，到后面的分析，他自有一套评价体系，如果打得很好，正像他所预料的一样，他就会产生一种心理学上的内模仿。

什么叫内模仿呢？移情是我先有对象，我关注他，我把我的情感投射到他的身上，他打得不好，我也喜欢他；内模仿是他打得很好我才模仿，就相当于我们去看赛马。那个赛马马蹄非常有节奏地嗒嗒嗒嗒嗒，喜欢这种节奏的人，他就可能在看台上伴随着马蹄的节奏，他自己也打起节奏来，这就是内模仿。男人和女人是不一样的，应该说男人更理性一些，更内行一些，而女人就感性。这样一来，这种感性的方式使NBC采取了措施，很多比赛它不直播，而把这些比赛录下来加以改编，到了晚上的黄金时间来供男性女性共同观看，那么共同来看有什么好处呢？NBC可以把很多的故事穿插进去，给人的感觉就像直播一样。

当然在今天这个年代，由于网络很发达，你不直播，观众已经知道比赛的过程跟结果了，所以NBC又在求变化。在1996年，在那个年代，NBC的做法也是有其可取之处的，而且他们有一个原则，叫作"奥运报道五环原则"，这五环是借用了奥运会的五环，五环原则有五个原则，每一环一个原则，第一环故事，第二环现实，第三环可能性，第四环理想主义，第五环爱国主义。就是说，我这个报道一定要找到故事在哪里,不仅仅是一个比赛的过程跟结果,一定要找到这个比赛背后有没有可以单独拿出来能够进行励志的、能够分享的故事。这就是矛盾冲突的地方,即比赛的故事。第二个,这故事跟观众有没有关联,能不能从现实里面激发观众的情感和想象。第三个,这个故事里面,能不能把普通人变成英雄人物。第四个,这个英雄人物的理想是什么,他的理想与奥林匹克的理想是否一致,是否公正,是否纯洁。第五个,凡是参加大型比赛,代表国家,那么一定要强调国家主义,国家尊严,就是爱国主义。美国人认为爱美国是应该的,同时他也提倡,你一定要尊重对手,你要让对手也爱他自己的国家。

比如女性的故事。1996年亚特兰大奥运会,我们中国有一个很不起眼的女运动员,她的名字叫邓亚萍,邓亚萍身高只有一米五五。职业体育人,在观众看来,是非常强悍的,起码个子比我们高,肌肉要比我们结实,力量比我们大。但是邓亚萍这些条件都不具备,她差一点进不了国家队,当年国家队的教练一看,这个孩子,个子太小,再一看父母也不高,人家就不要。但她的伯乐张燮林觉得,这个运动员她有一股不服输的精神,于是就收下她。邓亚萍从此更加珍惜这个机会,训练更加刻苦,往往是绑沙袋训练,流的汗水比别人就要多一些,结果邓亚萍她的成名,事实上是用汗水和泪水凝聚而成。

1992年巴塞罗那奥运会她拿了冠军,两块,一块单打,一块跟乔红的女子双打。拿了单打冠军以后,当年的国际奥委会主席萨马兰奇,在给邓亚萍颁奖的时候,做了一个很意味深长的动作,在邓亚萍的脸上摸了一下。当时媒体解读说是打了一下,其实不是,是作为一个长辈,一个爷爷辈对一个孙子辈的运动员摸了一下。而那一摸到了1996年又摸出了好运气,她又拿到了两块金牌,所以一共拿了四块。这个在乒乓球的国手当中是不多的。可以回头看一看邓亚萍十四年的职业生涯,一共拿了十八个世界冠军,其中有八年的时间雄霸世界女子乒乓球第一名,这个非常了不得。后来她按照萨马兰奇的建议,到英国留学,最后也参加了国际奥委会的一些公共事务,非常成功。她的故事如果按照这个五环原则,就可以把她编得特别好。

四、小结

前面我们一共讲了四个方面的问题,接下来把今天讲课的内容小结一下。我们可以这样说,没有对方,体育和媒体彼此照样能够生存,但是它们不会生存得太好。体育和媒体的结合催生了一种新的体育产业链,也就是竞赛表演链条。这个链条由四个环节来组成,这四个环节是赛事资源、媒体资源、广告赞助资源和受众资源。这四者之间的关系就像一辆高速行驶在宽广马路上的汽车,赛事资源是发动机,媒体资源是方向盘,广告赞助资源是轮胎,受众资源是路面,而一场又一场的胜利就是这辆车子前进的不竭动力,所以我们能够在体育比赛的赛场上听到最多的声音就是COME ON!加油!

今天的讲座到此结束,谢谢大家。

(邓君昳转录,任环校对)

体育与城市

体育让城市更美好

这几天正在高考,我们国家从1977年恢复高考制度以来,千军万马赶赴高考的战场,是每一个同学深刻的记忆。我记得三十多年以前,我的老师在我们高考前夕,怕我们贪玩,经常要说一句话:"这是吃米与吃谷的斗争,这是穿皮鞋与穿草鞋的斗争。"为什么呢?当时如果你能上大学,就意味着你要吃商品粮,你要买米,而不用去自己种谷子。另外,考上大学你可以穿皮鞋,可见当时的人对于城市有美好的向往。

两千多年以前,古希腊著名哲学家亚里士多德就说过:"人们来到城市,是为了生活。人们居住在城市,是为了生活得更好。"两千多年过去了,人们纷纷从农村来到城市,就意味着城市有巨大的魔力,其中就包括城市有吸引人的体育。今天我们来说一说体育与城市的关系,今天的主题是《体育让城市更美好》。今天这一讲,我们主要讲三个方面的问题:第一,城市和城市化;第二,体育因城市而兴;第三,城市因体育而变。

一、城市与城市化

(一) 城市的含义

我们先看第一个方面的问题,城市与城市化。说起城市,它是一个偏正结构,城与市,中心词在市,那先看什么是"城"呢?在我们的汉语中,"城"有很多的含义。在《说文解字》中,"城,所以盛民也"。"盛"就是装东西,盛饭、盛米、盛东西。"盛",你说用来装人不太好听,"城"就是为了人们生活、休养生息,把它圈起来。《礼记》中是这么说的:"城为保民为之也。"城市是为了保护居民所做起来的一道城墙。在《墨子》当中是这样说的:"城者,可以自守也。"城墙就是我们可以凭借它来保卫自己。

我们再来看一看"市"。说到"市",它既可以作动词,也可以作名词。作名词表示"集市",作动词表示"交易"。《孟子·公孙丑》中说,"古之为市也,以其所有易其所无者,有司者治之耳"。这里的司者就是管理者,就是最早的"城管"。我们学过的北朝民歌《木兰辞》是这样说的,"东市买骏马,西市买鞍鞯,南市买辔头,北市买长鞭"。花木兰代父从军,可见当时当兵和现在不一样,现在当兵所有的装备行头由国家包办,而当时要当兵,还要自己花钱买行头。那么,这里面的东南西北这些市,不一定指的就是东市、西市、南市、北市,但说的是要到很多地方去买,不一定在一个地方能够买齐。

把城与市合起来,我们就可想而知了,城市就是用来居住、做生意这样的一个地方。这个地方由于人很多,所以它需要有保卫的措施。因此,城市就是圈起来的一个地方,里面让人们休养生息。从学理性上来说,城市也叫城市聚落,是以非农业产业和非农业人口集聚形成的较大居民点。一句话,城市就是人多的地方。

(二) 城市的功能

城市有哪些功能呢?这里我列举四种观点,第一,美国学者哈维认为,城市乃增长机器,增长对城市所有的人都有好处。第二种观点,美国著名建筑学家、城市学家刘易斯·芒福德在《城市发展史》中谈到,城市是文化容器和文化磁体的矛盾体。文化容器是就空间来说的,文化磁体是就时间来说的。那么容器在其次,而时间的长流是城市的精神内涵。言下之意,城市有一定的形式,它吸引很多人到城市里来,但人来得越多,就意味着这个城市有一定的有限性,而城市真正的内涵如何发展,这是一个城市所要思考的问题。第三种理论,城市经济中心理论,这种理论认为,城市具有集聚效应和扩散效应。其中,集聚效应意味着城市把生产和生活的各种要素、要件都集中起来,使资源最大化和优化。如果城市靠资源发展起来的,它就会形成一个非常好的效应,那么这个效应就是扩散。城市向周边扩散,于是城市就带动了集镇,集镇又带动了村落。第四种理论,现代城市理论,它认为城市是人类社会发展的加速器和文化进化的容器,是一种区别于乡村的生活方式。

所有的理论归结起来就是,城市是和乡村相对应的,城市比乡村要先进。我们在座的各位,如果你出生在城市,但是你的上一辈、你的上上辈其实都来自于乡村。当我们逢年过节回乡村去探望的时候,会发现有所不适应,主要是有哪些呢？洗澡不方便，上卫生间不方便，这就是城市和农村的差别。

（三）城市化

城市发展以后，就带来一个新的趋势，叫城市化。城市化是我们国家眼下的国策，就是要让更多的农村人进城。这个"化"字，它是一个过程，所谓城市化是人类生产与生活方式由农村型向城市型转化的历史过程。主要表现为农村人口转化为城市人口，以及城市不断发展、完善的过程。城市化包括人口城市化、景观城市化和生活方式城市化，其中最主要的是生活方式的城市化。城市化的本质是一个国家或地区实现人口集聚、财富集聚、技术集聚和服务集聚的过程，同时也是一个生活方式转变、生产方式转变和组织方式转变的过程。

乡下人先到集镇，集镇慢慢地扩展，变得像城市一样，这样城市会越来越多，城市就变成了一个圈，我们叫城市圈。在城市化的进程当中，一个城市会带动周边的城市发展，于是就形成了城市圈或者城市群的概念。湖北省发展的重点就是武汉城市圈，以武汉为中心，以一百公里左右的范围为半径，使十几个城市都串起来变成一个圈，这叫城市圈。

城市圈和城市群其实是一个概念，英国地理学者戈德认为，城市群是城市发展到成熟阶段的最高空间组织形式，是在地域上集中分布的若干城市和特大城市集聚而成的庞大的多核心、多层次城市集团，是大都市区的联合体。目前，我们国家有八大城市圈或者城市群，其中最有名的是京津冀城市群、长三角城市群、珠三角城市群，以及今年（2015年）国家批准的中三角城市群，这就是武汉、长沙和南昌中部城市群。城市化的结果是，更多的人由农村来到了城市。截至2014年，我们国家城市和农村人口的比例已经倒过来了，在城市里面生活的人已经占人口总数的54%。根据预测，到2050年的时候，全世界居住在城市里面的人将达到三分之二。这么庞大的城市人口，对于体育的发展将会带来一个新的契机，那就是城市群将是体育发展的航空母舰。

二、体育因城市而兴

前面我们把第一个方面的问题做了一个铺垫，下面我们来看一看今天要讲的第二个方面的问题，体育因城市而兴。

（一）"为城邦休战"催生了古代奥运会

这部分我们从三个方面来看，古代奥运会、现代奥运会和现代体育是如何因为城市而兴起、兴旺的。我们先看古代奥运会的产生。

对于古代奥运会,我们的判断是,为城邦休战催生了古代奥运会。从公元前776年,古代奥运会第一届开始被载入史册,到公元393年古奥运被废止,古代奥运会一共举办了293届,历时1168年,千年奥运。古代奥运是因为城邦兴起,什么是城邦呢?城邦是指一个单独的以城镇为中心的国家,又翻译为"城市国家"。与其相对应的叫"民族国家",民族国家是由多民族组成的国家。在古希腊的时候,由于山脉交错、河流纵横,古希腊一共有200多个城邦。这些城邦虽然交通不太方便,但是它们有共同的宗教信仰和文化传统,都叫古希腊城邦。而古希腊人,除了生产与生活以外,他们要做的最多的事情就是保卫城邦,就是打仗。由于战火连年不休,所以各城邦之间达成一致,那就是每四年举行一次奥运会,为奥运休战,各城邦和平相处。

古代奥运会和现代奥运会不太一样,主要体现在下面几个方面。古代奥运会具有下面一些属性,第一,它具有神圣性。古奥运就是作为献礼献给天神宙斯的。第二,具有节日性。所谓节日性是要求人们放下手头的工作,来参加奥运会,来关注奥运会,就像今天很多的宗教节日一样。比如星期天,星期天不是让人们吃喝玩乐的,从宗教的教义上来说,是让人们到教堂里面去做礼拜。第三,具有军事性。古希腊人的体育锻炼和军事训练融为一体,参加奥运会和阅兵有相同的性质。第四,具有封闭型。古代奥运会只有希腊人才能参加,男人才能参加,外邦外族的人不能参加。第五,它具有凝聚性,这种凝聚就体现在要求团结在宙斯的旗帜之下。第六,具有和平性。举行运动会就是反对战争。可以说,古代奥运会是古希腊人为了保卫城邦,也就是为了保卫城市而发明的一种文化形式,一种民族的节日。

(二)只有世界级城市才可能主办夏季奥运会

现代奥运会是打着恢复古代奥运会的旗号,而重新加以改造的一种文化形式。它与古奥运不一样的地方就在于公正、公平、公开,更快、更高、更强,是国家之间本着和平、友谊、进步而发明的一种新的运动会。这种运动会一方面是体育比赛,另外一方面更是一种教育。现代奥运会并不是任何城市都可以主办的,现代奥运会包括夏季奥运会和冬季奥运会,只有世界级的城市才可能主办夏季奥运会。我们这里就来看一看夏季奥运会如何办。

1. 现代奥运会的主办方是城市而非国家

我们知道,国际奥委会是一个大家庭,奥运会的运行和主办,有法律依据,这个依据就是《奥林匹克宪章》,而奥运会的主办是由一个城市负责,而不是由国家负责,国家只监督和见证。国际奥委会在把奥运会交给一个城市的时候,它只有一个文件,那就是《奥林匹克运动会主办城市合同》。北京奥运会是第二十九届奥运会,它的依据就是城市主办合同,这个合同除了一个正本以外,包括14个附件。根据奥运会城市主办合同规定,如果合同的内容和《奥林匹克宪章》相冲突,以合同为主。那就说明,每一次奥运会的主办,合同的内容可能都有细小的差别。可见城市在奥运会的主办过程当中非常重要。

2. 奥运城市因奥运而跃升为世界级城市

我们来看一看,到目前为止,有哪些城市主办过奥运会?从第1届到第30届,中间因为世界大战,停办了3届,另外,后面还有两届主办城市都已经确定,一个是2016年的巴西里约热内卢奥运会,还有2020年东京奥运会。

表 4-1　历届夏季奥运会主办城市

届数	城市(国家)	届数	城市(国家)	届数	城市(国家)
1	雅典(希腊)	12	停办	23	洛杉矶(美国)
2	巴黎(法国)	13	停办	24	汉城(现名首尔)(韩国)
3	圣路易斯(美国)	14	伦敦(英国)	25	巴塞罗那(西班牙)
4	伦敦(英国)	15	赫尔辛基(芬兰)	26	亚特兰大(美国)
5	斯德哥尔摩(瑞典)	16	墨尔本(澳大利亚)	27	悉尼(澳大利亚)
6	停办	17	罗马(意大利)	28	雅典(希腊)
7	安特卫普(比利时)	18	东京(日本)	29	北京(中国)
8	巴黎(法国)	19	墨西哥城(墨西哥)	30	伦敦(英国)
9	阿姆斯特丹(荷兰)	20	慕尼黑(西德)	31	里约(巴西)
10	洛杉矶(美国)	21	蒙特利尔(加拿大)	32	东京(日本),待办
11	柏林(德国)	22	莫斯科(苏联)		

通过表4-1,我们来分析一下奥运会的主办情况。在30届奥运会当中,共有18个国家的22个城市,实际举办了27届。举办奥运会最多的国家是美国,4次;其次是英国,3次;再次是希腊、法国、德国、澳大利亚均为2次;如果日本东京再一次举办的话,日本也是2次;其余的12个国家各为1次。举办奥运会最多的城市是伦敦,3次;其次是雅典、巴黎、洛杉矶各为2次,以及未来的东京2次;其余的18个城市各1次。22个奥运城市当中,首都有13个,非首都的第一大城市1个,第二大城市5个,第三大城市1个,第九大城市、第十八大城市各1

个。那么这个第三大城市就是德国的慕尼黑,慕尼黑是德国南部最大的城市,也是德国仅次于法兰克福之外的第二大金融城市和欧洲著名的出版中心。

比较有意思的是,美国人率先发现奥运可以带来城市的发展和经济的刺激。比如,美国的亚特兰大奥运会。亚特兰大这个城市是美国的第九大城市,是可口可乐的所在地。它比较有名的地方,就在于它是美国民权运动的中心。而比较奇特的是,第三届奥运会是在美国现在的第十三大城市圣路易斯举办的。圣路易斯跟中国很有缘分,它是第一个与中国结对子的友好城市,那就是1979年与南京。它也是武汉的姐妹城市,那是在这个城市举办奥运会一百年之后,就是2004年。1904年,奥运会本来不在这个城市举办,根据当时顾拜旦的想法,是想把它放在纽约,而国际奥委会希望把它放在芝加哥。美国总统罗斯福极力主张放在圣路易斯。圣路易斯非常奇特,它是美国的一个中部城市,因为它是美国人开发西部的起点,是从中部向西部进军的城市。

这届奥运会上发生了一件有趣的事情。在马拉松比赛的过程中,那天天气非常炎热,道路上面尽是灰尘,运动员和观众也没有分开,熙熙攘攘。有一个美国选手,他的名字叫作弗雷德·洛茨,非常积极,想夺奖牌。但很不幸的是,当他跑到第十二公里的时候,他不幸受伤,退出了比赛。于是,人家往前跑,他就往体育中心跑。他第一个跑进了体育场,体育场的观众万众齐呼。美国总统的女儿小罗斯福为他颁发了奖牌,礼仪小姐为他献了鲜花,他就成了第一名、冠军。颁奖仪式还没有结束,真正的冠军进场了,揭穿了他的骗局。后来这位弗雷德·洛茨非常尴尬地说:"其实我是来取衣服的。"

(三)没有城市就没有现代体育

体育因城市而兴,我们再来看一看现代体育跟城市的关系。我们知道城市的发展和社会的发展是一脉相承的,而社会的发展和技术革命又密切相关。在过去的两三百年当中,人类历史上共发生了三次技术革命。

第一次技术革命发生在18世纪50年代,代表人物是瓦特。我们都知道瓦特发明了蒸汽机,蒸汽机的使用使人类社会正式地进入了工业社会,人们纷纷地从乡村来到城市。对体育也产生了重大的影响,那就是现代城市生活方式出现,运动员与观众分离。欧洲大陆的体操、英国的户外运动和竞技运动在这一时期得以正式确立,从而为现代体育的形成和发展奠定了基础。

第二次技术革命发生在19世纪70年代,代表人物是大发明家爱迪生。

我们知道爱迪生发明了好多东西，包括电报、电话、电灯，几乎带电物件的全是他发明的。这个时候的标志是电力技术的发明与使用，对体育也产生了革命性的影响。很简单一个道理，在没有电的情况下，所有的体育比赛都是白天进行；有了电以后，体育比赛都变成了夜间行为。有一本书我推荐大家阅读一下，就叫《夜间行为》。晚上和白天是不一样的，因为白天整个世界都敞敞亮亮，我们的精力、我们的注意力也很分散；如果到了夜间，在灯光下、在烛光下，人的注意力相对集中。所以你可以看见，很多人谈恋爱，第一次和女孩子见面，要么就是在夜间，烛光下、灯光下，要么就在星光下，很少看见中午十二点大汗淋漓的时候，两个人在太阳底下谈恋爱。

体育比赛也是一样的。现在很多的比赛，重要的比赛，已经不在白天，都在夜晚。因为夜晚人们的精力集中，人的心情更加放松。另外，在夜晚的时候，比赛场内有灯光，而看台相反没有灯光，这种感觉就把音乐会的方式移植到了体育的观赏当中。

所以，电力技术的发明与使用对体育的影响主要体现在殖民主义、世界贸易和城市化运动迅速地发展，体育成为世界各地不分昼夜的重要娱乐方式。奥运会、世界单项体育联合会、洲际运动会走向了成熟与完善，篮球、网球等世俗运动成为世界潮流。

第三次技术革命，发生在20世纪40年代和50年代，代表人物比尔盖茨，标志就是信息技术、生物工程、新材料、空间技术、能源技术、海洋技术等。这一次，技术革命对于体育的影响主要体现在赛事的组织更加科学合理，新的世界纪录不断涌现，现场体育与电视体育成为两种并列的休闲方式。

三、城市因体育而变

事物总是辩证的，前面我们说了体育因城市而兴，那么我们再来看一看，城市如何因体育而变。这里的"变"字，是变化，也是裂变。我们从三个方面来看一看体育对城市所产生的改变，那就是从硬件、从软件、从文化三个角度。

（一）城市的硬件：可见的城市环境

先从第一个，城市的硬件，可见的城市环境。城市的硬件主要包括基础设施、体育场馆、道路、交通、口岸、商场、医院、活动中心，这些都是跟城市的每一位居民或者过客密切相关的。如果你是一个游客，你初到一个城市，你对城市的印象最主要的方面，是可见的。比如说，城市的道路、城市的广场、城市的标志性建筑，道路是城市的血脉，广场是城市的客厅，而标志性的建筑则是城市的灵魂。拿北京来说，东西长安街就是城市的血脉，天安门广场是城市的客厅，天安门城楼就是这个城市的灵魂。几百年的历史和文化，都通过这个城楼来得到映射。

现代城市从建筑的角度上看，主要分成三大块。第一，官方建筑，作为政府办公、公务所用；第二，民间建筑，老百姓居住的地方；第三，公共建筑，就包括体育场馆。实践证明，体育场馆的兴建，最容易改变一个城市的面貌，如何见得呢？我们看一看美国学者罗根和莫罗奇在《城市的未来》这本书当中的说法，城市的发展在很大程度上由两种群体所决定，他们是按照两种内在的冲突的力量而行动的，他们的利益因此是经常相互冲突的，即食利者和居民。

前面我们讲城市理论的时候，曾经说过，城市是一部增长的机器，它为每一位城市的居民创造利益。实际上，城市要想迅速地改变面貌，最好的方式是能够产生大的公共建筑，比如体育场所。但不管是东方还是西方，不管是市场经济或者是计划经济，最大的问题在于城市的土地。城市最宝贵的资源就在于土地，而对于土地的争夺、分配与使用，会出现冲突。这个冲突就会使食利者和居民出现。在我们国家土地是国有的，在市场经济国家，土地和土地上的房屋都有可能是私有的，要改变这片土地的性质，食利者阶层和居民就得谈判、协商。这个食利者包括哪些人呢？主要是房地产商人、银行家还有媒体大亨。要想达成一致，他们就一定要请政府来协商，我们来看一看这三者，政府、食利者阶层和居民构成一种什么样的关系。

如果食利者和居民两者之间关系很紧张，就需要第三方的政府来协调。因为前面两个群体都努力地寻找当地政府的权力，来保护和追求他们的利益。居民要么保护土地和房屋，要么通过土地和房屋来增值，而食利者阶层也希望通过购买居民的土地而使土地发生更大的增值变化。城市发展计划集中关注一种特殊的项目，它利用了更多的空间，影响了更多的公共财政，可能比其他发展项目改变了更多的城市面貌，那就是体育场和体育设施的建设。

我们以美国第二大城市洛杉矶为例。

洛杉矶人很聪明，在20世纪20年代，洛杉矶的食利者阶层和居民之间就发生了很大的利益冲突，即食利者阶层他们想在洛杉矶建立很大的、成片的体育中心，这就需要政府来支持。而当时的政府实际上代表的是白人中产阶级，当时的白人对于是否要建有这样的公共体育场不是太热心，而食利者阶层则很热心，他们绕过政府，跟居民达成了一致，于是在1923年，美国第一个体育中心——洛杉矶体育中心得以建成（见图4-1）。

这个洛杉矶体育中心的建成，为洛杉矶城市举办1932年的奥运会奠定了基础，而1984年洛杉矶再一次举办了奥运会，这两届奥运会使洛杉矶成了国际上最有名的体育和娱乐相结合的城市。体育，除了奥运会以外就是洛杉矶的球类项目，包括我们现在能看得到的湖人和快船。洛杉矶的娱乐就是大家都知道的好莱坞。一旦确定了这个城市要建立体育中心之后，各种大型的运动会就纷至沓来。

实际上，随着奥运会的召开，只一个体育中心是不够用的，这个城市里的很多社区都需要大大小小的体育中心或者体育场馆（见图4-2）。根据科学研究，一个城市要建设、分布体育场馆，就要坚持一个法则，即平衡模式和中心模式相结合。所谓平衡模式，是指小型体育设施纳入市、区、小区的规划，统一筹划，保证体育设施空间结构的平衡性，便于居民的活动。所谓中心模式是指城市根据其规模大小、功能定位，形成若干个体育设施集中的区域及体育中心。

图4-1　1932年洛杉矶奥运会①

图4-2　汉城（现名首尔）奥运会②

我们以广州为例。广州就是一个因为体育而发生蝶变的城市。在过去的几十年当中，广州举办的大大小小的赛事不计其数，但值得一说的有三个赛会，那就是六运会、九运会和亚运会。这三项大型赛会使广州各城区的体育设施都得到了极大的改善。其中变化最大的是天河区，天河区的天河体育中心现在已经演变成国际一流的体育中心，下面我们就来看一看天河体育中心的变化给城市的发展带来了怎样的影响（见图4-3）。

---

① 21CN新闻. http://news.21cn.com/history/lishijiaodian/2012/07/30/12513458.shtml.
② 筑龙新闻. http://bbs.zhulong.com/101010_group_3000036/detail19057244.

图 4-3　第六届全运会闭幕式①

1987年全国第六届运动会在天河召开，六运会把天河由农村变成了城市。我们知道，广州是一个商业城市，有几千年的历史。但是真正的广州城区非常小，它以越秀山作为中心，向周边扩散，也因此形成了一个城市中轴线，即从越秀山到中山纪念堂这一城市主线。六运会的时候，广州就把城市的边缘天河区从农村、从稻田变成了城市和体育中心。

六运会之后，2001年，广州又迎来了第二届全国运动会，那就是九运会。九运会召开前夕，天河的变化可谓翻天覆地，除了城市范围扩展得更大以外，最大的变化是交通。广州的地铁，总站就在天河体育中心的北面，叫作广州东站，而地铁线已四通八达。

为了开九运会，除了地铁以外，在天河体育中心的下面还开辟了一条新的、几公里的无人驾驶的运输线路，还有以天河为中心、方圆几十公里的范围内城市新区。九运会把天河变成了商业中心、服务中心、体育中心（见图4-4）。

九运会9年之后，广州又迎来了亚运会。2010年的广州亚运会，开幕式的主会场不在天河体育中心而在天河体育中心南面珠江上面的一个小岛，叫作海心沙，海心沙是经过两百多年的泥沙淤积而形成的小岛。为了这届开幕式，聪明的广州人做了一项新的发明，那就是不在体育场馆里举行开幕式，而专门建了一个演艺中心来举行开幕式。同时，建了一个电视发射塔，那就是广州塔，人称"小蛮腰"（见图4-5）。

---

① 人民网．http://sports.people.com.cn/n/2013/0822/c363888-22660204-19.html．

图 4-4　天河体育中心①

图 4-5　海心沙②

  这一时期，广州新的城市中轴线就正式形成，那就是以白云山为起点，经过广州东站，再经过天河体育中心，到海心沙，到小蛮腰，再往南走，又形成了一个很大的人工湖，叫作海珠湖。地铁一直通往南沙，就是广州靠海的一个发展新区，可以说亚运会把广州的天河变成了国际大都会。

  今天的天河体育中心，其实场馆面积、看台座位都没有变化，但有一个新的变化，就是在这个天河体育中心，体育赛事不断，最经典的赛事业已形成，那就是恒大足球（见图 4-6）。恒大足球看起来是国内联赛，实际上通过亚冠，把广州体育推向了世界。

---

 ① 游多多. http://www.youdodo.com/target/showareatarget_home.ydd?targetid=1-01-05-08-1195.

 ② 金羊网. http://big5.ycwb.com/news/2015-04/29/content-20148649.htm.

图 4-6　恒大主场座无虚席①

别小看这个球场,它举办的大大小小的运动会、演艺会、足球比赛难以计数。其中值得一说的,就是为世人所忘怀的世界杯。中国也举办过世界杯,那就是 1991 年世界第一届女子足球世界杯,就在这个城市的天河体育场(见图 4-7)上演。中国队很可惜,当时没有进入四强。

图 4-7　天河体育中心②

城市因为体育改变了硬件,也因为体育改变了城市的软件,那就是城市的治理与服务。

(二) 城市的软件:可感的城市治理

城市治理包括城市运行,投资融资的环境,数字城市的建设。对于居民来说,城市是否宜居、是否适合于创业,有些要素我们要面对,那就是办证、旅

---

① 荐新网. http://j.news.163.com/docs/10/2015102902/B72DOU9B90010U9c.html.
② 搜狐体育. http://pic.sports.sohu.com/group-420186.shtml#0.

游、医疗、商业、教育、房地产等。最好的城市是能够实现科学治理的城市，但我们现在的中国城市，还没有达到能够治理的地步，我们用的还是"管理"这样的词汇。管理的本质是服务，"管理"与"治理"看起来一字之差，其实区别很大。管理是一个目标，治理是一个过程。

建国初期，我们国家提出四个现代化，工业现代化、农业现代化、国防现代化、科学技术现代化。几十年过去了，习近平总书记又提出第五个现代化，这个现代化就是推进国家治理体系和治理能力的现代化。要变国家统治为国家治理，要变社会管理为社会治理，同样要变城市管理为城市治理。那么，现在我们的思维还停在管理这样的一个层面，那就要改变。比如说，我们看到的某城市的标语牌，"城市管理为了人民，城市管理依靠人民，城市管理成果人民共享"，强调的还是管理。从管理的角度上讲，管理的本质就是服务，服务是令客户满意。而管理的思维它总存在管与被管，它会存在一个特殊的阶层，而从治理的角度来讲，人人都是主角。

最近有一则新闻，在美国的密西根州立大学，有我们中国的一群留学生，很多是富二代。他们在学校里闲来无事就形成了帮派，什么帮派呢？在自己的车窗前面贴了一个标志，叫作"城管"。结果这些人驾着车出去打架，被美国的警方给逮住了。于是美方就要起诉这些人，其中除了打架闹事以外，还认为他们带有黑社会的性质，因为他们有一个共同的标志，叫作"城管"。可见"城管"已经成了一个负面的效应、负面的标牌。那么，体育可以给城市带来的变化，就是可以去管理、来治理。我们就是要尝试用现代体育的规则精神，来凝练现代城市的契约精神，使人人自觉、人人自为。

（三）城市的活件：可颂的城市文化

再来看一看城市的活件。我们知道，现在的城市，这个城市跟那个城市之间几乎没有什么差别。外国人一看中国的城市都差不多，都是地面车水马龙、地上高楼林立。实际上，西方的城市，它主要的变化在于这个城市它有性格。而城市的性格来自于城市的文化，文化的背后是一串串的像珍珠一样的故事。对于一个城市来讲，这个城市如果有文化、有故事，有三个视角可以来看一看，第一，普通人；第二，名人；第三，城市的总体形象。

1. 市民以体育休闲作为生活方式

首先来看一看体育对于普通人的影响，我们以为，普通人对于城市的影响，就是市民以体育休闲作为生活方式。说到生活方式，广义的生活方式主要是指居民的全部生活、活动方式，包括劳动生活方式、消费生活方式、闲暇生活方式、政治生活方式等。狭义的生活方式专指消费、闲暇生活方式。

每一个城市它都有自己独特的生活方式,而与城市的生活方式相对应的是农村的生活方式。我们知道在中国的农村,主要的生活方式就是两种,生产生活和休闲生活。生产生活就是种田、种地,休闲生活从目前的情况来看,农闲以及节假日,大家都知道我要说什么,那就是打麻将。而城市最好的休闲娱乐生活方式,健康向上、值得倡导的,就是体育作为生活方式。

我们知道,台北市的路跑很有名。所谓路跑,不是跑路。跑路是我们对于那些不讲诚信的人,借了别人的钱、坑了别人的钱、拿了别人的钱不还的人,躲起来跑掉叫跑路,又叫老赖。那么,路跑是发源于马拉松、发源于长跑,而以长跑作为基础,在城市的街道、在城郊的公路上进行长跑的人。所以,台北的市民最爱的运动是跑步。他们跑步花样翻新,有哪些跑步呢?比如说,我们看到图4-8、图4-9、图4-10这三张图片。我们知道,长跑比较单调,但如果我们增添一些有趣的元素,那就不单调了。在路跑前面加一个限定语,它就会变得有更多的趣味性。

图4-8 彩色路跑　　　　图4-9 泡泡路跑　　　　图4-10 泥浆路跑

2. 城市有自己的形象代言人

我们再来看一看城市,除了普通的民众以外,它一定会有自己的代言人。城市形象的代言人是城市文化的需要,城市文化本来是一种精神性的意识形态上的事物。文化特色构成了城市的历史性格,要恢复城市的性格,就必须树立城市的文化代表者。所以,有很多人研究城市的文化。我自己在好几年以前,就研究城市文化有哪些结构、有哪些代言人。下面我们以武汉为例,来看一看城市文化从形象上来讲,可以有哪些人代言。

城市文化从结构上讲,可以分为四个层次,最高层结构、上层结构、中层结构、下层结构。其中,最高层和上层,这样的两种结构是仰望星空的;而中层和下层,以芸芸众生为主,要脚踏大地(见表4-2)。

表 4-2　武汉城市文化结构代言人

城市文化结构	代 表 者	职 业	形 象	价值指向
最高层结构	屈原	楚国大夫	城市灵魂（也是民族魂）	爱国；忧民；求索
上层结构	易中天 李培根	文化学者 科学家	城市精英	学问与人文融会贯通
中层结构	李娜	运动员	城市英雄	凛然之风（叛逆泼辣不服输）
下层结构	刘亦菲 撒贝宁	演员 主持人	青春偶像	引领时尚与潮流

我们再来看一看在四种不同的结构当中,分别有哪些人可以代表武汉市这个城市不同的文化层次。最高层结构代表者,毫无疑问是屈原。如果说有职业的话,他的职业是楚国大夫,他的形象是我们国家、我们的楚文化包括武汉市的城市灵魂。你会说我扯得太远了,屈原怎么跟武汉市有关系呢?我们知道,屈原在武汉市活动过,只是当时不叫武汉市。我们现在在东湖还建有纪念屈原的一个亭子,叫作行吟阁。那么,从价值指向来看,屈原主要意味着爱国、忧民、求索。

而城市上层结构的代表,我举了两个例子。这两个例子都是大学的教授,一个是曾在武汉大学现在厦门大学的教授——易中天。易中天在他的人当中,将近一半的时间在武汉。因为他6岁的时候从湖南举家搬迁到了武汉,在武汉上的小学、中学,后来到新疆待了十年,做知青。又回到武汉大学做研究生,又教书。另一位代表,就是我们这几年很火的大学校长"根叔",他是网络时代最火爆的校长。实际上,"根叔"他是一个科学家,机械学的专家,所以他是理科的代表。我们把他们两位当作城市的精英,其实城市的精英主要包括城市的知识分子、科学家、艺术家,都是城市的精英。从易中天和李培根来看,他们不单纯在自己的学术领域里做得炉火纯青,更重要的是他们把学术和人文素养结合起来,把个人的学问追求和他们的社会责任融合起来,所以他们对社会、对这个城市所产生的影响力难以估量。

我们再来看一看,城市的中层结构,李娜是最好的代表。她的职业是运动员,她的最大成就是法网和澳网的冠军。那么,从形象来讲,她是城市的英雄。可能有些同学会说,论影响力,李娜与易中天和李培根相比,李娜大得多,这个话一丁点都没错。为什么呢?一方面,李娜离普通人更近,李娜做的事情普通人更能明了。另一方面,普通人对于体育明星的崇拜是一种英雄崇拜,什么是英雄?在座的各位,如果你去看一看古希腊神话与传说,你就知道,古希腊神话与传说当中就讲两种人,或者两类主人公,一种是神、一种是英雄。所谓神,神灵是永远都不会死亡的;什么是英雄?英雄是半人半神的结合体,说白了,英雄往往都是天神宙斯和民间女子相爱结合而产生的结晶。所以,英雄的身上带有神性,英雄崇拜实际上就延续了神灵崇拜的因子。古代奥运会,我们说它是神圣的,因为它把奥运会献给神灵。因此从这个意义上说,英雄崇拜是一件非常崇高的事情。换句话说,只有具有崇高性格的人才有可能产生崇拜的心理。

李娜这位英雄,实际上李娜从来没有自己说过,她就是武汉城市的代言人,武汉市也没有出台过文件说李娜是城市的代言人。但是,有一部片子它告诉了我们一个这样的秘密,李娜就是事实上的城市形象的代言人,就是城市英雄,这部片子叫作《大城崛起》,就是武汉市的形象宣传片。

这部八分钟的片子里,列举了几位重要的人物,那就是屈原、张之洞、毛泽东、李娜等。在说到李娜时,认为李娜具有"凛然之风"。实际上,就是说李娜有一股霸气。因为湖南人、湖北人共同处于一种文化圈,那就是楚文化圈。湖南人、湖北人以洞庭湖交界,具有共同的文化特性,那就是三个词:"吃得苦、耐得烦、霸得蛮"。与其说在《大城崛起》里,李娜具有"凛然之风",不如用通俗的话来说,李娜的特点、价值指向具有湖北人、武汉人、武汉女孩的性格,那就是叛逆、泼辣、不服输。因为她把这三个词带到了赛场上,尤其在法网,她的教练、后来的大管家、她的先生姜山。姜山坐在看台上面,坐也不是,不坐也不是。李娜情绪不好的时候,就说"遣、遣",就把姜山就遣出看台。"遣"就是遣送、遣走,你给我走。另外,如果姜山坐在看台上面,加油也不行,不加油也不行。当李娜需要姜山来加油的时候,你看李娜怎么说的?"莫坐倒,你加哈子油啥!"要求他加油。所以,对于姜山来说也很难,但这样正像他们两个在场上的性格一样,代表了典型的湖北人的特点。事实上,他们夫妻非常恩爱,是非常幸福美满的一家人。

城市下层结构的代表,主要是明星。这种明星是娱乐明星,娱乐明星和体育明星不太一样,体育明星是靠"真刀真枪"打拼出来的,而娱乐明星得靠炒作,三分演技、七分包装。而明星对于一个城市来说,他也有很多的追随者。一个城市的青少年,他追求明星,不仅仅是这个城市的明星,还有外地的明星。从武汉这个城市来看,本地所产的明星,当红的、首屈一指应该算得上的是刘亦菲和撒贝宁,他们两人的职业是演员和主持人,可以说,他们是当今青少年的青春偶像。既然是青春偶像,就意味着不可以长久,因此,他们引导的一种价值,就是引领时尚与潮流。

3. 打造体育名片,主动营销城市

说完名人,我们再来看一看城市的总体形象。前面我们说了普通的市民和城市文化的代言人,他们所产生的影响。那么,城市因体育而变,还体现在第三个方面,就是城市的总体形象会给世人带来哪些新的变化。

在注意力决定资本走向的今天,国际交往的主体已经下沉为城市,城市营销已经成为城市建设的一种新概念。在城市营销的众多方式中,体育营销是最佳的营销方式。下面我们来看一看城市营销的基本公式,城市体育营销有一个基本公式,它的起点是体育资源,体育资源有参与体育的人、比赛、场馆,这些都可以成为体育资源。有了体育资源之后,就必须有比赛。不是所有的比赛都会产生影响力,那么只有通过媒体进行传播的比赛才有可能变成生产力。而比较重要的体育比赛,会引发全世界的关注,那么这种关注就是我们说的媒介事件,通过竞赛、征服、加冕来完成体育的比赛过程。到了这一步,如果城市的主队赢得了比赛,那就非常成功地形成了一个故事,就变成了城市营销的手段。比如说,我们讲两个例子,一个是美国,一个是英国。中国人或者全世界的人对于美国城市的印象,很大程度上跟体育有关。中国人对于美国城市的了解,最多的是通过 NBA。NBA 的队伍,他们所在的城市都是有名的体育城市。

图 4-11 金州勇士队队标[①]

我们看到的这张图片(见图 4-11),是 NBA 金州勇士队的队标。而金州处于美国的加州,在奥克兰。这个球队经过多次迁徙,它每一次迁徙都会使世人的眼光从一个城市到另外一个城市,人们会思考它为什么到这个城市。于是人们对这个城市的关注度就密切地提高。

另外在英国,英国的第一大城市是伦敦,第二大城市有争议。如果按照人口的划分,第二大城市是伯明翰。但是现在的英国人,不太认同把伯明翰作为第二大城市,因

---

① 百度百科. http://baike.baidu.com/item/金州勇士队/3694353? fr=aladdin.

为伯明翰已经很落伍了,它已经成了技术的低谷,没有什么东西值得一说。相反第三大城市,曼彻斯特一跃而上。非常重要的是,曼彻斯特有两支非常著名的英超球队,一个是曼联,一个是曼城(见图4-12)。

图4-12 曼彻斯特德比①

此外,曼彻斯特是媒体创意中心,也是摇滚中心。因此,更多的英国人希望明确把曼彻斯特作为英国的第二大城市。你别小看这个第一大、第二大,它是一种无形资产,因为它对于投资、就业、入学都会带来革命性的影响。

再回到国内,在市场经济时代,国人对于城市的认知已超越了政治层面,不再迷恋首府的意义,更多考虑的是这个城市是否适合我们创业和人居。联合国每一年都会颁发世界人居奖,但是它颁发的城市相对有限。而有一种划分方式值得我们注意,那就是国际上非常有名的评估公司,叫作仲量联行。它对于城市的划分是以"线"的方式来划分的,就像我们中国对大学的划分,985、211、一本、二本、三本、高职高专,因为它已经形成了一种尺度,那么以"线"来划分是怎么划分的呢?它把城市划分成一线、二线、三线,而现在的年轻人,特别是大学毕业生,不再迷恋这一个城市是否是省会城市,是否是地级市,而以"线"作为他的取向与追求。

下面,我们来看一看表4-3。

表4-3 中国大陆城市体系②

超一线城市	北京、上海
一线城市	广州、深圳

① 新浪体育. http://sports.sina.com.cn/g/2012-04-28/11336041323.shtml.
② 博思网. http://www.bosidata.com/qtzzhsc1504/7280291CEO.html.

中国城市60强	
1.5线城市	成都、重庆、杭州、南京、沈阳、苏州、天津、武汉、西安
二线城市	长沙、大连、济南、宁波、青岛、无锡、厦门、郑州
三线城市—增长型	长春、常州、东莞、佛山、福州、贵阳、哈尔滨、合肥、呼和浩特、昆明、南昌、南宁、石家庄、温州
三线城市—新兴型	海口、湖州、嘉兴、金华、兰州、洛阳、南通、泉州、绍兴、太原、唐山、乌鲁木齐、潍坊、徐州、烟台、中山、珠海
三线城市—起步型	淮安、吉林、绵阳、威海、芜湖、襄阳、西宁、盐城、扬州、宜昌、银川、淄博

在这个列表里面,仲量联行把中国的城市分成超一线城市、一线城市、1.5线城市、二线城市、三线城市增长型、三线城市新兴型、三线城市起步型。实际上,这里面一共有七个层级,为了简化,我更愿意把它分为三个层面,那就是:一线城市、二线城市、三线城市。那么,在一线城市当中,我们能看得出来,北京、上海、广州、深圳。好,我们看这张表,在中国的一、二、三线城市当中,城市的总量一共是多少个?根据仲量联行的统计,中国一共有64个城市上线的。一线城市4个,二线、三线城市60个。下面我们对这些上线的城市做两个分析:第一,是它的位置分析;第二,是它的体育特色分析。

从位置来看,4个直辖市,北京、上海、天津、重庆之外,中国上线城市分布最多的是东部沿海,其中江苏省上线的城市最多,达到了9个,而浙江省7个,山东省和广东省各6个,加上沿海的福建省有3个。这几个省,它的城市群占了中国上线城市的一半以上。而在内地,有一个省份它的上线城市也达到了3个,非常不容易呀,哪个省?湖北省。所以不要小看湖北省,呵呵,我们来湖北上学也是有理由的。还有6个省份,有两个城市上线。那么这6个省份中,都是内地的,有一个是沿海的,那就是辽宁,其余14个省份的省会城市作为上线城市。但值得注意的是,有一个省会城市不在上线之列,那就是西藏自治区的首府拉萨,说明这个经济差别还是存在的。

我们再来做第二个方面的分析,看一看体育对于城市的改变。在一线城市中,体育对于城市影响的大小,深圳的影响力相对较小,深圳以前影响力比较大的是足球,拿过一次全国的冠军,但现在的深圳足球是每况愈下。但深圳有一个一年一度的体育盛会,叫作中国杯帆船赛,在大亚湾举行。因为它是一个高大上的体育运动,不为很多人知晓。而在北上广中,体育的影响是世界性的、国际性的。其中,独占鳌头的是上海。上海,国际赛事每一年都有几十项,影响力最大的F1、网球大师杯、斯诺克大师杯、高尔夫大师杯、马拉松、国际田联钻石联赛都在上海。其次是北京,北京最有名的,举市之力、举国之力办的赛事,那就是已经有十几年历史的中国网球公开赛、北京马拉松比赛、国安足球比赛、首钢篮球比赛,这都是有影响力的。广州国际赛事虽然少一点,但也举办过几次大型的综合比赛,现在广州马拉松比赛慢慢地有一点影响力,当然在全国首屈一指的是广州恒大的足球比赛。可以说,一线城市的目标就是要建立国际体育名城。

对于二线城市来说,最重要的是要建立国内知名的体育城市。为此他们的目标是多办一些洲际运动会,然后是职业联赛,再就是全民健身。从二线城市来看,只有无锡这个城市举办的知名赛事要少一些。对于三线城市来说,它的追求不可能太多、太大,但起码的目标要为这个城市建立一座体育中心。在三线城市中,像海口的马拉松比赛,贵阳的足球赛都非常有名。从经济总量来讲,贵州在全国的排名是摆尾的,但是贵州人通过一次大型的综合比赛,使贵阳市的城市形象和综合实力得到了改善。那就是2011年全国少数民族运动会的召开,为这个城市留下了很好的遗产,城市体育中心的遗产、城市交通、城市治理等,所以我们今天看到的贵州人和的比赛异常火爆。

我们脚下这片土地,是武汉市洪山区,武汉作为二线城市当中排名不太靠前的城市,城市的治理者们也想了很多办法。其中,体育就是武汉改变城市形象、增加城市GDP的非常好的手段之一。众所周知,武汉国际赛事并不是很多,虽然已有亚洲篮球锦标赛、亚洲田径锦标赛、羽毛球比赛等,基本上都是"赔本赚吆喝"。而现在,城市把重心放在打造WTA超五赛事,武汉网球公开赛15年的赛事,并将其作为一个长线来经营。在初期,它肯定也是赔钱的。但到中后期,我们相信,它一方面要赚钱,另外一方面要提升城市的形象。武汉,我们叫"满城挖",城市、地铁、公交、高架、桥梁的建设,一方面是城市居民生活所需,另一方面,在很大程度上,就是为武网而兴起的。

我们看到的图4-13,是位于武汉市西南角三环以内的武汉网球公开赛的赛场中心。武网的到来殊为不易,如果没有李娜也就不会有武网,我们在座的各位都是武网的见证者、参与者与支持者。

图4-13　武汉光谷国际网球中心①

四、小结

今天我们这一讲从城市、城市化入手,了解了城市生活的基本特征,重点讲述了体育与城市的关系,体育与城市二者相互依存、相互促进,体育因城市而兴,城市因体育而变,体育使城市更加美好,城市使生活更加美好。我们希望每一个城市人都变成一个体育人,在城市共同地创业、生活,抵御生活的风险,享受快乐与人生。

今天的讲座到此结束,谢谢大家!

(朱诗祺转录,任环校对)

---

① 网易新闻. http://news.163.com/14/0721/07/A1L694G00014AEE.html.

体育与青少年

比比分更重要的是兴趣

2015年4月,在网络上有一组关于衡水二中的照片(见图5-1)。

图5-1　衡水二中的教学楼①

衡水二中教学楼的走廊,全部被铁栅栏钉得严严实实,为什么要这么干呢?网友吐槽说,这跟监狱没有两样,因为在此之前,这所学校有多起学生跳楼事件发生,而该校在全国高考中非常有名的学校,许多考生都是奔着北大清华去的。看到这样的新闻后,我们在感叹中国教育的无奈与悲哀时,也会引发大家对高考制度改革的思考。与我们强调"只要不学死,就往死里学"这种所谓的励志教育不一样的西方人则更强调的是体育教育,认为体育教育较之智力教育要放在更加优先的地步。在我看来,更重要的是,体育是青少年社会化的最佳的、最重要的途径,所以,今天我就跟大家谈一谈体育与青少年的关系。

---

① 搜狐新闻. http://mt.sohu.com/20160623/n455891726.shtml.

今天讲座的主题是：比比分更重要的是兴趣。我们主要讲三个方面的问题：第一，体育是青少年社会化的重要途径。第二，国外青少年体育发展状况。第三，我国青少年体育社会化的路径选择。

一、体育是青少年社会化的重要途径

（一）社会化是群居动物的必由之路

我们的逻辑起点是，社会化是群居动物的必由之路。大家知道，像海龟，是很孤单的动物，像蜜蜂、蚂蚁，跟我们人类一样都是群居动物，群居动物有很严密的社会组织。我们先看一看群居动物的社会行为。群居动物相互影响相互作用的种种表现形式，我们称之为社会行为。那么，动物的社会行为有哪些呢？主要包括优势等级序列、通信行为、求偶行为、利他行为等。

所谓优势等级，就好比说狮子捕猎，群狮捕猎的时候，雄狮主要是围观，雌狮来捕。捕完猎物之后，雄狮先吃。所以，在狮子的社会里，我们刚才讲优势等级序列，就是最强壮的最先吃饱。为什么呢？最强壮的一定要保证自己先吃饱，才有可能保证它的领地，它的空间，它的食物链，还有它整个家族的传承。最后，如果食物不够吃，最先饿死的就是幼狮。这恰好跟人类是相反的，人类群体若发生了危险，母亲会先把孩子给推出险境。这属于不同的社会。动物的社会属于低级的社会，人类的社会属于高级社会，所以，高级社会的行为跟低级社会的行为是不一样的，但是，它们有相通之处。

我们再看看人类的社会化。人类社会化是个体走向社会公共生活，融入现实社会的起点。个体的社会化过程，就是在社会文化的熏陶下，使自然人转变为社会人的过程，它具有社会强制性、主观能动性、毕生持续性三大特点。社会强制性，即一个社会人必须根据社会的规则行事，如果你违反社会规则，甚至违反了法律，就会受到道德的谴责和法律的制裁。主观能动性，即一个社会人具有了一定的经验后，他会主动地融入社会，而一个人一辈子，都得不断社会化，都得讲伦理道德和法制。

而动物不一样，因为动物的寿命各不相同，神龟虽长寿它也就活100年，很多动物活的时间很短，蝴蝶11天就没有了。如果说动物也有"人生"的话，它的"人生"依附期相对来讲比较短，也就是说它在未成年这个阶段时间要短，而人类恰好相反，我们就从法律上说，人类18岁成年，但实际上18岁还不一定能够代表你能够自立自强，能独立生活。因此，更多的专家认为，人类的生活依附期即人类的未成年阶段有十几年到二十年，一般的说法是十三年到二十五年，那么，在这样的一个时期我们都可以把它称为青少年。

青少年时期，是人的社会化过程中最基本、最重要的一个阶段，是青少年的人生观、价值观和自我意识形成发展的关键时期。那么，在这个时期里就需要有人来引导，需要有模式来遵照，才能够逐渐地从一个自然人变成社会人，这个阶段里，体育是相当重要的。

在说体育之前，我们先看一看游戏，因为游戏是人和动物的共同的社会化的途径。对于动物来讲，游戏伴随它一生，而动物在它年幼的时候游戏性更强，人类也是一样。而人类的游戏性跟动物不一样，动物的游戏性是天生的，在天生的环境里，跟着它的同伴一起，不学也会了。通过彼此的磨砺，就好比说打闹，它能够学到很多东西。而人类必须要通过自己的发明创造，这些游戏才能够成立，才能产生。动物游戏跟人类的游戏有一样地方，有不一样的地方。所谓一样的地方，游戏就是玩，就是打闹；不一样的地方，动物的活动是生命活动，出于本能，而人类的活动是生活活动，它是积极的、主观的，带有自我改造的特点。

（二）游戏是最好的社会化途径

游戏，定义很多，我们这里列举两个。第一个是古希腊的哲学家柏拉图的说法：游戏，是一切幼儿，包括动物，包括人类，为了生活和能力发展的需要而产生的有目的的模拟活动。游戏又是种模拟，《辞海》里说，游戏是以直接获得快感为主要目的，且必须有主体参与互动的活动。实际上关于游戏的功能众说纷纭，到现在并没有定论。

有模仿说。比如：小女孩为什么喜欢布娃娃？在座的女同学比男同学多，你们想一想，你们为什么喜欢布娃娃？好！很多同学答案都会不一样，有些同学说布娃娃好看，布娃娃好玩，布娃娃是一个伴侣，没有布娃娃我睡不着觉。而有哲学家曾说，小女孩之所以喜欢布娃娃，是为了长大以后练习做母亲。这种说法可能你不会认同，但也是一种观点。还有些人认为，游戏就是一种精力的发泄，当我们精力太充沛、过剩时，可通过游戏来发泄。还有可通过游戏学习技能，总而言之，游戏是积极有用的。

如果说游戏有功能，主要是两大功能：第一，它能够带来快乐，带来快感，那么，这个快感既是生理的也是心理的；第二，游戏它能够使主体主动地参与活动，而且在参与者之间能够产生互动。所以，小朋友放学以后经常不回家，为什么呢？玩游戏，几个人在一起，父母找孩子吃饭找不着，玩得没有止境，当家长找得很生气的时候，终于找到孩子了，也有可能，家长在孩子屁股上啪啪两巴掌，为什么呢？孩子玩得很开心，但把父母给急死了，可见游戏对于孩子的吸引力。

游戏对于青少年来讲，恰好能够契合这个年龄阶段的身心特点。

青少年最大的特点：第一个是贪玩，青少年阶段正是贪玩的时候。就好比说，我的同事里，很多老师，他们的孩子都很小，需要上幼儿园，那么上幼儿园就得考虑到什么地方上幼儿园。很多人就认为，幼儿园一定要去最好的、最高端的，为什么呢？某空军司令部办了一个幼儿园，是很多人认为的高端的幼儿园，因为里面有好多项目，而且小孩儿有很多规矩。我听了以后有不同的看法，我以为，小孩特别是幼儿阶段最重要的是玩儿，相反，你不要告诉他太多的限制，如果有规矩，第一个就是安全的规矩，第二个就是吃饭的规矩，其他都是次要的，这就符合他贪玩的特点。

另外一个特点就是小孩儿、未成年人，都不太喜欢太多的说教，你要告诉他一个道理，说抽象的道理，用抽象的语言苦口婆心是没有用的，最重要的是一定要寓教于乐。为什么呢？小孩喜欢听故事，没有故事，他不睡觉，因为这是他的心智决定的，他跟动物差不多，他愿意有个形象更具象的东西来陪伴自己。

我们再回到为什么说体育是社会化的最佳手段这个问题。因为体育跟游戏有关，体育是一种什么样的游戏呢？著名体育社会学家古特曼在他的著作《现代体育的本质特征》一书中，他对于体育与游戏的关系说得非常明白。我们来看一看图5-2。

古特曼把游戏分成两组基本形式，一种是本能游戏，一种是有组织游戏。很显然，本能游戏，动物的打闹，猴子从这棵树上跳到那棵树，就是出自一种本能，在它的基因里它就会这个。动物一生下来，比如，牛一生下来，马上从地上站起来，它很快就能找到母亲的乳头，它就能够去吸吮，这都是本能。所以游戏，动物的游戏是本能，出自生命的本能活动，而人类的游戏更多地需要通过有组织的方式，我们叫有组织的游戏。

有组织的游戏又分成两种，一种是非竞争性的游戏，比如，日本人特别喜欢蹴鞠，蹴鞠的时候一群人在那个地方踢一个球，这个球几个小时可以不落地，大家以此为乐，而且乐此不疲。你看看这里面没有谁是冠军，大家也不讲

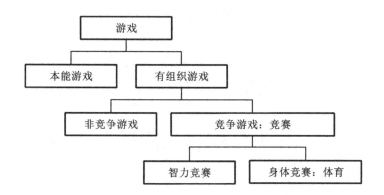

图 5-2　古特曼"游戏、有组织游戏、竞赛、体育"图式

功利,就是好玩,这就是非功利的、非竞争性的游戏。

而更多的游戏是什么呢?是竞争游戏,所谓竞争游戏就是竞赛。我们打个赌不就是竞争吗?这个标底物是什么?马上到来的欧冠,巴萨和尤文图斯谁输谁赢,大家可以在寝室里打个赌。如果你认为尤文图斯赢,我认为巴萨赢,我们赌一只鸡腿,如果赌一只鸡腿你还不过瘾,加一瓶红牛。那么这就是我们讲的竞争游戏。这个竞争游戏往下再细分,其实也可以再分成两类,一类是智力游戏,就是我们讲的棋牌,以棋牌为主,那打赌当然也是游戏,但是能够成为体育运动的,或者类似体育运动的就是下棋、打牌。那么这叫智力游戏。在武汉体育学院 2011 年举办的第二届全国智力运动会,在校内还有雕塑,大家可以看得到。这些就叫作智力游戏。

而智力游戏还不是我们纯正意义上的体育,真正的体育是身体游戏,是身体竞赛,身体竞赛就是体育。所以,在古特曼的这本书中,他认为,体育就是游戏性的身体竞赛。体育是一定要通过身体的对抗,那么身体竞赛形式分成直接对抗、隔网对抗、单兵作战,这都叫身体的竞赛。但它的前提是游戏,言下之意,体育虽然要分出高低,但体育不是战争,体育比赛输了,只要你打得好,同样能够赢得掌声,不是输田输地,更不是如丧考妣,所以,你不要把体育看作是太大的、了不得的事情,因为体育的本质就是游戏。

那么,游戏好玩,跟青少年的特征结合起来,刚好就可以使青少年,把他从家庭,从小圈子带到社会这个大的领域和空间,因此,从这个意义上说,体育就是青少年社会化的最好途径。

(三)青少年体育社会化的核心

我们再来看一看体育,如果把它作为青少年社会化的途径,它能够从哪些方面发生作用,起作用呢?下面,我们看看图5-3。

图5-3 "盲人"夏洛特与两个哥哥①

这张图片中的两男一女,实际上是三兄妹,长得还挺像的。两个哥哥一个妹妹,妹妹戴一墨镜,你认为她很酷,她其实不只是酷,你要听一听她的经历,你就觉得这个妹妹很了不得。

这个妹妹叫夏洛特·布朗,是布朗家族的老三,出生16周的时候就发现她患有白内障,这个白内障非常严重,后来做了手术,给她植入了人工的晶体。因为开头她只能看到一点光线,植入了人工晶体以后,她只能看三米远。这个小女孩很喜欢运动,蹦蹦跳跳,但是很不幸的是,在她小学6年级的时候,她发现她什么也看不见了,眼前一团漆黑。她的同学都不知道她的眼睛有问题,后来发现她眼睛有问题的时候,是有同学去借她的笔记本,因为她很喜欢上课做笔记,结果发现她的笔记跟一般人不一样,一般人是白纸黑字,她的笔记本是盲文笔记。上面都是凸出的点,原来她是一个盲人。她用盲文来做笔记,她是一个盲人,除此之外,她很健全,她很正常。

她的父亲很着急,作为父亲,为了这个女儿,他说,"我想问问你有什么愿望?"这个女孩子就说,"父亲,我没有太大的愿望,如果我有愿望,我就希望我能够跟两个哥哥一起,上同一所大学。"她的父亲听了之后,很感慨地说,"女儿啊,我愿意用我的眼睛,来换你的光明,我愿意把我的眼角膜给你。"女儿说,"父亲不用,真的,你不用那么悲伤。你只支持我一件事情就行。"父亲问她什么事情?她说,"你支持我除了学习之外,参加体育锻炼。"什么锻炼呢?

---

① 新浪体育. http://sports.sina.com.cn/zl/other/blog/2015-05-23/0956/320438070/13197f36c0102vnp2.shtml.

撑竿跳。因为她考虑过,她以前很喜欢跑步,但是,在自己几乎是盲人的情况下,跑步是件很危险的事情。可她又放弃不了田径,在这种背景下,她又爱上了撑竿跳,那么她怎么完成撑竿跳的呢?

她有一只导盲犬,每次把她引领到一个起跳的点,很显然,这个活动是由她的教练,是由成人来给她设计与安排,加以引领。只要她参加的比赛,学校的比赛、洲际比赛,大大小小的非常多的比赛,观众总是很多。其中洲际比赛里,观众人数最多的时候达到了 2 万人,她比赛的时候,全场鸦雀无声,那种安静的程度就像喜欢听音乐会的西方人,在听古典音乐会一样的,非常安静,当她越过横杆以后,全场爆发雷鸣般的掌声。所以,在这之前,她就获得了很多的运动成绩,但在她所在的州有一个规定,如果她能站上这个州的领奖台,她就可以上自己心仪的重点大学,这跟我们中国其实也差不多的。

于是,她就给自己许了一个愿,即一定要站到这个州高中联赛的领奖台。在她高一时,她其实已获得了前 8 名的成绩,到了高二,她就决定再冲一把。结果就在这次比赛中,全场很安静,她的教练来引领她,指挥她,从哪个地方开始起步,然后做什么动作助跑、起跳,然后她就腾空而起,越过了栏杆,最后她的成绩是第三名,从图 5-4 中我们能看到她起跳的瞬间。

图 5-4 夏洛特撑竿跳瞬间①

获奖以后,她把她的奖牌,戴到了她的导盲犬的脖子上,她非常高兴,她

---

① 新浪体育. http://sports.sina.com.cn/zl/other/blog/2015-05-23/0956/320438070/13197f36c0102vnp2.shtml.

成功了。那么，在她成功的经历里，我们就能看到，夏洛特这位残障人士，她又是一个非常健康的人，体育帮助她实现这一切，那么，体育在她的身上带来什么呢？双重经历。一种经历是身体的经历，她的身体有一些具体的感受，那么这些感受就是她从一个极度弱视到全盲，从看到听，由跑到跳，但是她无视障碍，她的心理非常健全，跟正常人没有区别，这是她的身体经历；而另一方面，她还有社会经历，这个社会经历就是体育运动中的社会化，从她身上也能看出来，我们可以推及其他人参加体育运动也是一样的，那就是通过社区和文化等社会关系。她从不抱怨，尊重观众、期待掌声、登上领奖台，最后，作为夏洛特来讲，她是成功的，还可以到普渡大学去读书，跟她的两个哥哥在一起。

在这个背景里，我能看出，社会经历里面最大的，就是团队合作，体育是最佳的社会化的手段，因此它有自身的核心价值，那么体育作为社会化手段、途径，它的核心价值我们再归结一下：

体育运动把青少年从圈养的人变成社会的人，其中有两个最重要的变化，第一个变化是作为身体的，它一方面促进了青少年的健康与素质水平的提高，为他们日后参加工作、承担压力、抵御风险，塑造了强健的身体；另一方面是人格方面的，它有助于养成青少年在未来社会所需要的，严谨自律、团结合作、成就动机以及勇敢顽强的良好个人品格，这就是体育所能赋予青少年包括赋予我们在座各位同学的重要价值。

二、国外青少年体育发展情况

我们说完了第一方面的内容，再来看一看第二方面的内容，第二方面内容要给大家重点介绍一下西方发达国家，主要是欧美特别是美国他们的青少年体育的发展状况。在这个领域里，我们也可以用四个关键词来加以说明，即一个家庭，两种体育，三个问题，四条措施。围绕这样一种线性结构，我们跟大家一起分享一下。

（一）家庭体育：青少年体育的基石

家庭体育非常重要，它是青少年体育的基石。我们先来看一看家庭，家庭是社会的细胞，家庭是幸福的港湾，人在这个社会里，对自己牵挂是最小的，对家庭的牵挂是最大的。如果你能够从对家庭牵挂上升到国家的忧虑或者对国家的贡献，那你就是个了不起的人。家庭既然有这么重要，那么在家庭里面能够起导航作用的主要是家长，家长除了在经济方面维护一个家庭的运作,更重要的是,我们经常说的一句话,家长是孩子的第一任老师。这个第一任老师他是全方位的,既是我们成长中生活的保姆,也是我们道德的良师,也是我们学习的促进者。更重要的,在国外很重视,但被我们中国人所忽视的,家长是我们青少年的第一任体育教练。

家庭体育就是以家庭为单位开展的体育,准确地说,是以父母带领孩子开展的体育,是父母带领家人开展的体育。家庭体育的特点非常鲜明,有四个方面:第一,对象全民化,什么叫对象全民化呢?就是所有的公民,他一定希望有自己的家庭,哪怕是孤儿,也渴望有家庭,他也会组建家庭;第二个特点是发展持续化,因为家庭生活是很持续的,是一代又一代的传承,而以家庭生活为基础的体育活动,也是一个持续的过程;第三,实施简易化,因为,家庭体育动员起来、组织起来要方便很多,因为家庭好协商;第四,功能特殊化,我们一般的体育就三个功能,健身、健心、健群,健身促进身体健康,健心使我们心里更舒畅,健群能够使我们在座的,包括在一起打球的运动的人,感受到我们是一个很快乐的临时群体,是一个和谐的组织。

在家庭体育里面,我们就牵涉一个社会分工的问题,家庭体育有这四项功能。那么,我们看一看国际上的数据,像在美国,家庭体育的倡导者肯定是家长,正当年的家长。根据调查,有40%的家长是经常带领孩子,组织全家参加体育锻炼;有35%的家长,有过组织家庭体育的这种经验;那言下之意,有75%的家庭,经常性地开展家庭体育活动。家庭体育的开展就一定要牵涉家庭成员的分工,在家庭体育里,父母都要承担角色,主角可能是孩子,但父母要承担很多角色。父亲,要承担一个教练、管理、经纪人等角色;母亲,要做好后勤保障,要开车时得做个司机,若是几个人的比赛或者几个小伙伴一起,就得准备一辆大车,还得准备好食物,因为欧美人的特点,如果搞家庭活动,是一定要搞烧烤,搞野餐,所以母亲本身就是一个好厨师。

说到厨师,可还真别小看厨师,世界上最有名的厨师并不是那个菜做得最好的人,是那个养了优秀儿子的厨师,优秀的足球运动员——小贝,贝克汉姆多帅呀,万人迷呀,贝克汉姆,你想想贝克汉姆的形象,多么儒雅,多么绅士,但是你压根就想不到,贝克汉姆的家庭很普通,他的父母可以说是社会的普通人士,甚至是底层人士。他的父亲就是一个厨师,别的不会就是会做饭,他的母亲是一个按摩师、美容师。这么底层的家庭怎么会培养出举世闻名的贝克汉姆呢?因为他的父亲是一个球迷,他的父亲是曼联的球迷,非常期望贝克汉姆长大以后能够为曼联效力,所以,贝克汉姆从小的时候开始,就是曼联的球迷。为了使贝克汉姆能够实现做一个职业球员的梦想,他的父亲在贝克汉姆很小的时候就把他送到了博比·查尔顿的足球学校。

我们知道博比·查尔顿是英国历史上最有名的足球明星之一,贝克汉姆在那所学校里受到正规的踢球教育。贝克汉姆在7岁的时候,参加了一些街头足球比赛,并在巡回赛中获得了冠军。于是,他就有机会,代表他们这支球队到巴塞罗那俱乐部去参观,去做短期的培训。从这个意义上讲,贝克汉姆跟另外一个当今最有名的球星——梅西,算是校友了,他们都是巴塞罗那青年训练营里出来的。从巴萨回来后,贝克汉姆的球技大涨,13岁那一年,他获得了一个机会,他与曼联签订了一个协议,这个协议叫学童协议,就是一边读书一边训练,如果有机会就可以进入曼联的青年队。3年过去了,16岁的贝克汉姆得偿所愿,成了曼联青年队的一员,又过了两年,18岁的贝克汉姆在他成年的那一年终于进入了曼联的一线队打职业比赛,所以,他父亲的愿望实现了。

家庭体育,在欧美受重视的程度,达到什么地步呢?达到了国家动员的地步!我们来看图5-5。

图5-5 米歇尔纪念"让我们动起来"两周年①

美国总统奥巴马的夫人米歇尔,美国的第一夫人。我们知道,任何国家的第一夫人,最主要的任务,是在对外开展软实力外交、公共外交,对内保护妇女、儿童的合法权益保护,在慈善事业的开发方面,要体现出她们的价值来,体现出亲和的一面,而米歇尔就做了一件很有意义的事情。

---

① 美国中文网. http://news.sinovision.net/portal.php?aid=204441&mod=view.

2010年,她在美国,发起了 Let's move ("让我们动起来")这样一项全国性的家庭体育运动,此项运动所倡导的是,青少年学生每天运动1个小时,运动的强度在中等至剧烈以上。对于成年人提出的倡议是,每周起码有五天,每次锻炼半小时,强度在中等到激烈的程度。

实际上,美国的体育人口和我们教科书里说的体育人口相比,其标准、规范是有些不太一样的。按照我们中国人对于体育人口的划分,体育人口的标准每周锻炼3次,每次30分钟,中等强度以上,这才算体育人口。根据这个标准,我相信我们在座的人,可能有一半以上都算不上一个体育人。但根据米歇尔这个计划,你就可以看出美国的体育人,他的运动时间比我们要长,天数比我们要密,强度跟我们差不多,中等以上的强度,就说一定要出汗。这个政治家的夫人也是一位时尚大家,在体育方面很有天赋,这样一来,她总走在国内的妇女和时尚界的前列。这个看起来是体育和政治没有关系,但她这个举动能够利国利民,又跟政治有关系,为什么呢?她做得好,人们就觉得她是奥巴马的夫人,就会通过她的亲善行为而转头支持奥巴马,支持了奥巴马,等于就是肯定了美国的民主党,当然这是我们分析得出的一个结论。

家庭体育,我们已经能够有一个想象的空间,但在欧美,家庭体育又出现了一种新的分化趋势,那这个趋势是什么呢?就是一般家庭体育和私有化的家庭体育(见图5-6)。一般的家庭体育,就是指芸芸众生普罗大众他们的家庭所开展的体育,而私有化体育是指什么呢?是指一些很有钱的人,他不愿意跟普通家庭在一起玩,其中有多种原因,有些原因就在于,有钱人跟普通家

图5-6 私教指导孩子学习高尔夫①

---

①

庭去玩,可能场地方面会比较紧张,参与者的水平和消费能力可能不太一样。于是这些有钱人他们自己就成立一个私人的俱乐部,成立一个联盟,采取收会费、拉赞助、搞比赛这样一种方式。如果从青少年角度来说,其实就是一个富二代的体育俱乐部,这就是一个新的倾向。

在20世纪90年代,美国的家庭体育的开支,一般来讲需要500美元到16000美元之间,主要用来干什么呢?主要用来出行、交通、住宿,还要交会费,等等。那么,到了现在这个年代,这样的一个花费只会有增无减,而如果你去打高尔夫的话,那么这些数据、这些花费还会上涨,你得有会员卡、行头,然后有钱人的孩子的消费跟一般人又不一样,这种私有体育如果从政治意识形态来看,就是一种新的阶级差异,是一种事实上的不平等。当然,这不是一个普遍的道路,普遍的道路还是一般家庭体育。

(二) 青少年体育运动的两种不同经历

家庭体育是青少年体育的基石,不管穷人穷家庭也好,富家庭也好,都要以家庭体育作为基础来拓展青少年的体育运动。青少年的体育运动主要分成两种类型,一种类型就是非正式的体育运动,另一种类型就是有组织的比赛或者有组织的运动,因为运动最集中的形态主要是打比赛。

1. 非正式的体育运动

非正式的运动,是由参与运动的青少年,他们自己自发组织、自己控制的体育运动,用我们通常的话说,就是打野球。在NBA当中,黑人球员有很多家庭是很穷苦的,很多来自单亲家庭、离婚家庭,这些家庭孩子很多,他们很难得去参加有组织的比赛,更不可能参加私有体育,很多的人就通过打野球,然后被教练发现,再被拉入有组织的比赛,因而有可能走上职业道路。

大家可以想象,在我国城乡各处打野球的场景(见图5-7):没有球门儿,没有球门儿不要紧啊,弄两块儿砖头或是弄两个书包,这就是球门儿。球门高度,大家想象的高度就可以了,有些孩子连鞋都没得穿的,这在巴西如果在沙滩上不要紧,但如果在城市里、在乡镇里、在硬地上,还是有一定的危险。

这种自发的非组织的体育比赛,从优点上来讲,它主要是非正式的由运动员控制的运动,主要是以行动为中心,没有成年人干预,本质上是一种游戏,遵循的是鼓励运动和增添快乐的游戏原则,也就是快乐原则。那么,它的缺点主要是两项,第一项,因为是自发的,就可能会存在以大打小,大一点的小朋友跟小一点的小朋友打的时候,就可能会存在大朋友欺负小朋友,男生

图 5-7　山里娃儿的足球赛①

跟女生在一起玩的时候,很有可能女生就没得玩,这是一个弊端。另一个弊端就是场地资源不足,之所以会出现街头篮球、足球或者说打野球,是因为没有正规的场地,如果有正规场地,那有什么问题呢？ 如果是一个富有的家庭,你想要学游泳,你自己后花园里都可以建个游泳池,那么对于公共的、普通的家庭的孩子来讲,他只能到游泳池、到海滩游泳,跟下饺子一样,那么,这都是人生的一种不同的体验,体育也是这样。

2. 有组织的体育运动

对于有组织的体育运动来说,它的优点和缺点又是另外一回事。我们先来看一看,有组织的体育运动是一个什么的情景。它是一种正式的、由成年人控制的体育运动,重点放在学习技能和遵循规则上,以便使比赛和比赛的结果能够在一个更大的联盟或者锦标赛的体系内得到官方认可。这个官方认可很重要,因为官方认可了以后,教练就会有成就感,他的身价就会上涨。另外对于参与运动的学生来说,那就看他的价值取向,如果他以后是以运动为业,他就可以进入更好的、更合适的大学;他不以运动为业,在崇尚体育的美国这样的国度,会玩体育的青少年在学校容易成为明星。

在美国、在欧洲,甚至在日本,这种有组织的比赛有哪些方式呢？ 最重要的方式就是各级各类学校都有自己的联赛,小学联赛、初中联赛、高中联赛、大学联赛,这个联赛里有社区联赛、州的联赛,还有全国的联赛,而联赛很多就给这些动员的训练与比赛提供了场地。美国的大学生联赛 NCAA 足球联赛、篮球联赛,特别是 NCAA 的篮球联赛火爆的程度,全球闻名。NCAA 篮球联赛打到四强赛的时候,NBA 的比赛都为他们让路,而电视直播 NCAA 篮

---

①　新华网. http://news.xinhuanet.com/sports/2014-07/03/c_126706093_4.html.

球联赛的收视率比 NBA 还要高,为什么呢?因为这些人,第一,如果有更多的人参与运动,就有更多的家庭关注;第二,这些人今后的走向会吸引更多的人关注,在高中联赛打得很好的人,注定是要去职业联赛的,那么他们就会猜想这些人今后去什么地方,那么还有打得好的人去了哪些地方,所以社会关注的程度比 NBA 还要高。我们能够看到一个景象是 NCAA 打四强赛打决赛的时候,你能够发现很多的 NBA 的职业球员、巨星亲自到现场去加油助威,而且很多人是以校友的身份回到自己的母校看师弟师妹们如何取得好的成绩,那么这段经历以后又被津津乐道成为故事,广为流传。

有组织的体育,它的优点我认为主要有四点:

第一,强调熟悉规则和规则的执行,养成守规矩的习惯。

因为规则就是用来约束人的,体育运动有两项东西很重要。一是运动规则,如足球运动规则;二是对这个规则的执行,那就是裁判法则。作为一个运动员,都要学习这两项内容,你不学会这两个内容,上场你不知道怎么打比赛,你犯了规,你都不知道为什么犯了规。

第二,强调恪守位置、角色扮演,家长也是重要的参与者。

什么位置呢?因为每一个人打比赛,尤其团体项目,你要遵守你的位置,你是一个前锋,你的任务主要是进球;你是一个后卫,你的任务主要是防守。比如,之前某场比赛中,广州恒大的冯潇霆是一个中卫,他"一不小心"为恒大进了一球,主教练卡纳瓦罗在赛后的新闻发布会上就说:"我要批评这个冯潇霆",他越位了,他没有做他自己的事情,开了个玩笑,他的事情主要是大脚解围,你怎么能把球踢到球门里去了呢。当然他没有踢到自己球门,那是乌龙球,他踢到对方球门。卡拉瓦罗还是很高兴的,但是对于一个中卫来讲,重要的不是你进了多少球,重要的是你让对手一球没进。这就像我们经常说的,走自己的路,让别人无路可走,守自己的门,让别人一球不进。这就是作为一个中卫、一个守门员要做的事情。那么如果他在自己的位置上做得很好,他后来参加工作或者他走上社会,他就会觉得"哎,作为一个社会人,我要知道我的位置,如果我在公司里我是个员工,我要服从领导,如果我是一个公民,我开车靠右行驶",这都是规矩,不讲规矩就会让别人看不起。

前几天西班牙王室的一名小成员,16 岁的小王子,在一个公共场所不排队,插班插队引起了大家的愤怒,结果他发现,在这个愤怒的人群中有一个亚裔人士,他认为他是中国人,大喊"中国人你给我闭嘴"。先不说这个是不是中国人,无论我们当中谁看到这个小王子的表现,都会不满,所以他遭到了谴责,他的一举一动都表明西班牙王室对青少年的教育还要加强。当然,他是一个孩子,我们也不必太计较。家长也是青少年体育的组织者、服务者,在家庭里、在小圈子里是发起者,那么到了大的、有组织的社会场景中,家长要做的事情也跟我们中国的家长一样。孩子要升学,家长要陪伴。对于美国的孩子来说,他要打比赛,家长最好也能陪同,所以,家长承担的角色不可小看。

第三,强调系统学习专项技能和提高绩效。

系统学习什么意思呢?在有组织的比赛当中,它强调的不是不能打野球,强调的是不能搞一窝蜂。就好比说,如果我们组织比赛,不能放一个足球在这个地方,大家就随便乱踢,这是有组织比赛所不允许的,一定要系统学习。另外强调专项,你不必会很多项,但一定要把一项学会学精。再就是,一定得有一个目标,我今年的目标、明年的目标是什么,你个人的目标跟团队的目标要合一。

第四,我们讲团队合作。

体育最重要的是团队,如果你再上升一点,那就是国家荣誉和民族尊严。

有组织的比赛,它的缺点也很明显,第一,因为它是由成年人监管与指导,充满了官僚制度和等级制度,孩子被动地接受了成年人所提供的世界,缺少童趣。第二个缺点,过早地专业化,失去了自由选择其他项目的机会。因为很多家长都有功利心理,中国的家长希望孩子的学习成绩要好,从奥数开始突破,从外语补习班开始突破,那么,西方的家长希望孩子的体育更好,他就让他练专项,你就专门练这一个,那练这个的结果是什么呢?他可能会对别的项目有兴趣,这个兴趣会降低。当然也有例外,NBA当中非常有名的组织后卫纳什,纳什年轻的时候其实是一名足球运动员,他是在足球和篮球都很好的情况下,最后决定选择篮球,因为篮球在北美地区可能更能够成就他的梦想。第三个缺点,过多的训练比赛容易导致伤病,小朋友、小同学,你看看年纪轻轻的吃消炎药、止痛药比比皆是,这都是负面的效果。

我们再横向比较一下,简单地梳理两者之间的区别。非正式的体育运动以参与者行动为中心,以追求快乐为原则,自由创造当中夹杂着不守规矩;而有组织的体育运动以项目规则和成人的要求为中心,以追求业绩为原则,按规矩办事的同时,变得墨守成规。前面我们说了,家庭体育是青少年体育的基石,它作为一种逻辑起点;我们接着分析了欧美家庭体育的两种主要形式,非正式的体育和有组织的体育,那么,实际上这两种体育对于青少年来说,是两种运动的经历。

（三）有关青少年体育运动的三个问题

这两种经历也存在一些问题，对于家长来讲，这些问题一定要通晓，主要是三个方面的问题。

1. 少年儿童参加体育锻炼的时机选择

第一个方面的问题，是少年儿童参加体育运动、体育锻炼时机把握。他们究竟在多大的时候，做什么样的运动？如何去做？

关于这个问题的回答，专家认为，主要是取决于我们对于运动和对于体育的理解。有三种理解方式：第一，把运动作为身体表达的活动，是越早越好。孩子从出生以后就在运动，因为生命在于运动，她从哭开始，就是运动，刚出生的孩子如果不哭医生会很紧张，婴儿的啼哭，我们在诗歌里面能够找到很多优美的诗句，那是新生命诞生的象征。小孩的哭主要是两种情况，第一要么身上发痒，第二要么饿了。哭是种运动，哭完了以后他还会笑，这都是运动，笑，肌肉的运动。当然，这些啼哭在运动学上都不能算作运动，真正的运动从爬开始。爬，就是我们要观察的，小孩儿多大的时候学会爬，爬了之后要打滚，紧接着就是站立，再接着就是行走，就是跑和跳。而这样的时节家长都要加以引导，越早越好。第二种，如果把运动作为有组织的身体活动，在安全的环境下，学龄前的儿童可以参加，并鼓励孩子自由发挥。要注意这是有组织的活动，而不是比赛。那么第三，如果我们把运动作为有组织的竞赛的话，什么样的年龄参加比较好呢？这里有一个期限，这个期限就在于8～12岁孩子都可以参加，但是要根据他们的身体状况，而且还要考虑到环境和安全的因素。

2. 青少年运动习惯对亲子关系的影响

再来看第二个问题，青少年运动习惯对亲子关系的影响。研究发现，非正式体育对亲子关系的影响不大，因为在非正式体育中，这些小孩随便玩儿，父母也不在乎。有组织的体育对于亲子关系的影响比较大，而且比较复杂，它取决于亲子之间，对于孩子未来是否以运动为业的问题，它涉及投入与回报的关系问题。前面我们说过，一般的美国家庭开展家庭体育，开展青少年体育，按照现在的物价情况，一年的投入起码在1万到2万美元，而如果一个家庭要想培养出一个具有职业前景的孩子，投入就会更大一些。在这种背景下，父母对于孩子的要求当然更高一些，如果一个孩子跟父母达成了共识，今后愿意从事职业运动,那就要看他的天赋,他努力的程度,还有他有没有伤病困扰。

以梅西为例,梅西5岁开始学球。我们说足球是天下第一运动,足球是普通人的运动,甚至说足球是下层人的运动。从贝克汉姆、梅西的身上都能看得出来。梅西的父亲就是一个普通人,是一个球迷,梅西在5岁的时候,他的父亲兼任他的业余教练。在11岁的时候,他的球已经踢得很好了,有一个叫库卡的教练发现了他,决定对他进行很好的栽培。但又有另一个问题,梅西个子很小,一看就有问题,结果经过医生的诊断,他患了侏儒症,就长不高,那么怎么办呢?梅西全家愁眉不展,一方面积极地为梅西治疗,另一方面又不能耽误梅西的足球训练,所以,他们家在教练的建议下做出了一个非常伟大的决定,那就是举家搬迁到西班牙,到了巴塞罗那(见图5-8),13岁的梅西就正式地进入了西班牙巴塞罗那俱乐部的拉玛西亚青训营(见图5-9),所以梅西对巴萨的感情尤为深厚。

图5-8 梅西成为巴塞罗那二线队员①

图5-9 拉玛西亚青训营新址正门②

当今世界梅西所取得的成就,几乎是家喻户晓,对于梅西的球迷来说,可谓如数家珍。梅西2005年获得了世青赛的冠军,2008年获得了北京奥运会的冠军,然后参加过3次世界杯,2006年和2010年两次世界杯为阿根廷队获得的是八强,2014年人们对梅西充满了期望,就认为梅西如果要想超越马拉多纳变成真正的梅球王,他一定要拿冠军,结果很遗憾,阿根廷队倒在了德国队的脚下,获得了亚军。但是,就梅西个人而言,他的成就非常高,其中他的金球奖获得了4次。目前为止,已经拿了两个冠军,如果再拿一个欧冠的冠军,三冠在身,他就不愁拿不到年终国际足联的金球奖,那就成了5个金球

---

① 腾讯体育. http://worldcup.qq.com/a/20100621/004013.htm#p=8.
② 网易体育. http://sports.163.com/11/0913/04/7DQ9NE8V00051C89.html.

奖了。

3. 青少年体育运动中的性别差异

我们要思考的第三个问题，就是青少年体育运动中的性别差异。承认性别差异，但不宜夸大性别差异，夸大差异会导致我们忽略一些与运动和文化联系在一起的重要议题。言下之意，男女不同性别，在运动天赋方面是不一样的，一般人认为男性比女性更适合于从事体育运动。但是，我们不宜把这个差异拉得太大，不能武断地认为女生完全不合适运动，你看在美国女子足球开展得就非常好。

女性和男性对于体育运动的差别，其实在文化方面更大一些，就是男性和女性自我假设、自我设定的目标，是不一样的，这是一个外国学者的研究。研究认为，男生和女生在他们未成年阶段，或者说在他们的青春期，他们对自己在外形、在身体方面的这种期望，女孩学会了把自己所占据的身体空间缩到最小，她们修饰自己的仪表和姿态，以使自己的身体更性感，并且接受男孩儿在身体上要强于她们的观念。同时，男孩则学会了展示自己强壮的身体，用一种强占身体周围空间的方式、形式，并希望施展力量控制女孩。从性别文化的角度来分析，男生女生对于自己的形象，对于自己的身体，对于自己在社会当中的形象，在异性心目当中的形象，提出了一个标准，说到底，女孩儿希望自己苗条丰满，男孩儿希望自己强壮扩张。这就是一种文化上的差异，生理上的差异肯定会有，技术上的差异也会有，但如果我们过分地强调这种差异，就会忽略在同性别的运动中，他们存在的差异，就好比说在男性之间的差异和女性之间的差异。

现在值得我们借鉴和思考的是，男生女生一起上体育课，在欧美、在日本、在台湾，很多地方其实男女生同堂上体育课是一个普遍的趋势，但在我们国家，男女生一般的都是分开上课，因为老师认为男女生分开上课，有利于男女生更好地学习技能，更好地组织、训练和比赛，但它忽略了另外一个东西，如果男女生分开，体育绝不仅仅是一项技能，是一个比赛，体育它也是一种文化，这种文化伴随青少年的成长，会得到一个放大的效应。前些时我去台湾学术访问，在淡江大学，参观他们的学生体育活动，在体育馆里我就发现，男女生都在一起上体育课，都在游泳池里上体育课，我觉得这非常好，我很惊讶地对该校的一名教授说："男女生都在一起上体育课，上游泳课，在内地很少。"他说："我们这里很普遍。"他说很好啊，女生如果不会游，男生可以教一教女生，另外男生如果和女生在一起上体育课的话，你想想，那衣服都要穿得很少的,这样学生就应该会更注重什么呀,注重饮食,更注重自己的形体塑造。他说得非常好,我觉得这倒是一个经验。

（四）改进青少年体育运动的四个措施

前面这三个问题,实际上是美国的学者对于美国的青少年体育存在的问题所做的思考。这些问题在我国的现实生活当中也同样存在,我们要借助一些措施,加以改变。那么,这些措施就包括:

第一,政府和成年人应该肯定和关注非正式体育,成年人应该帮助参加非正式体育的青少年提高安全意识,并肯定他们自由从事这些运动的价值,鼓励他们开展青少年喜爱的极限运动。所以,美国的轮滑、滑板在社区里面,在学校里面,非常流行,从青少年的时尚慢慢地就变成了未成年人所肯定与重视的主流。

第二,用非正式体育的兴趣点,来改造有组织的比赛。前面我们说过,非正式体育的兴趣点,主要是强调动作、个人参与、接近的比分和加深友谊。用这些元素来逐一改造有组织的正式比赛,因为非正式比赛你要强调行动,没有旁观者,所有的人只要上场,就可以做你愿意做的事情,你可以打前锋,你也可以打后卫,但是,在有组织比赛当中,后卫就是后卫,前锋就是前锋。个人参与在有组织比赛中,主力跟替补很分明,但在自发的比赛中,我们可以协商。

在有组织比赛中,分数可能会出现一边倒,但在非正式比赛当中,如果你是大朋友,我是小朋友,我们可以设定,如果打篮球比赛,高年级男生你只能在三分线以外投篮,那么,我们低年级的既可以打内线也可以打外线,这都可以设定。

非组织的比赛,运动员和运动员之间感情一般都比较深厚,为什么呢?他们都是通过约定在一起,而对于正式比赛来讲,对手的概念会非常强烈,对手就是敌人,那么在这种背景下,比赛的组织者可以通过教练联系,在赛前让双方的运动员能够坐下来,能够采取联谊的方式,这样就可以消除敌对的概念。

第三,片面地追求高绩效为违法。因为对于教练来讲,他希望能够在有组织的比赛中赢得一场一场比赛的胜利,而这些胜利可以作为纪录,作为一种荣耀。但这样一来,可能就忽视了青少年的健康状态,因此美国的法学工作者就提出来,有组织的体育活动,他的教练与管理人员如果不管孩子的兴趣和体能,以过度比赛的方式捞取政绩,这都是违法的表现,违反了童工法。

第四,要加强对教练员的监督与培训。教练员要在充分尊重孩子基础上,给他们传授体育技能。教练员不仅仅要做体育效率专家,还要做青少年的朋友和导师。在我们国家,很多教练从基层到国家级,尤其是在这种专业教练当中,教练跟运动员的关系,由于他们长期待在一起,就会很容易发生摩擦,摩擦的方式最集中体现在什么方面呢?第一就是硬暴力,就是采取打的方式;第二就是软暴力。来看看著名球星李娜,我们恭喜李娜,李娜做妈妈了。李娜在她的回忆录中,说她曾经一度放弃了网球,为什么?因为在她青少年阶段,她学习网球,她从事网球运动,没有得到快乐,没有得到嘉许,所以她看不到希望,后来是因为职业比赛改变了她的命运,她有成绩、有奖金、有全世界的肯定,所以这给我们一个启示,教练跟队员之间的关系,它是一种合作关系,也是一种师生关系。

三、我国青少年体育的路径选择

前面我们主要讲了两个问题,实际上都是按照递进的线性的结构来说的。第三个问题,我们要回归到本次讲座的落脚点,那就是既然我们已经知道了体育作为青少年社会化的一个重要的途径,我们也知道了西方发达国家青少年体育是如何开展的,那么我们的落脚点则是看这些从理论到实践的双重认识与做法,对于我们中国人发展青少年体育而言,应该从哪些角度着手?我想主要是五个方面。

第一,政府应该大力地倡导家庭体育。

因为在今天这个网络社会里面,青少年大量的时间被另一种游戏占据了,手机游戏、电子游戏,然后另外一部分精力在学校里学习,通过国民体质测量你就发现,我们的青少年的身心状况、身体状况在不断地下降,其中肥胖、不运动已经到了很严重的地步,那么在这个意义上讲,政府就应该把家庭体育提升到一个国家发展战略的高度。

有下面一些途径可以加以落实,比如,政府要做的事情,第一,马上的十三五规划要出台,这五年规划里国家就应该明确地提出,家庭体育是我们国家大众体育发展的基石,它是青少年社会化的重要途径;第二,每一年我们国家的"两会"期间都有政府工作报告,如果我们的政协委员,我们的人大代表也看到了我们今天所讲这堂课,那么,我们的"两会"代表就应该把家庭体育作为一种提案或者议案加以讨论,把它作为一个国家战略提出来;第三,我们国家的体育，从操作层面上讲，最主要是靠国家体育总局统领，我们每一年全国体育局长会议都会召开一次，会对全国各省市体育局的工作做一个要求，在这个会上体育局长说得最高频率的几个词汇，是群众体育、竞技体育、体育产业、体育法规等，我希望今后能够把家庭体育明确地提出来，而且放在优先考虑的地位。另外，各级体育组织都应该在自己的工作计划里，把家庭体育放到一个优先发展、支持的重要地位。

第二个措施，要对社区的体育活动进行立法。

社区是家庭的扩大，社区是我们这些小家庭的生活圈子，是一个大家庭。我们今天能看到社区居民体育里最普遍的形式是广场舞，主角是大爷、大婶、大妈、奶奶，而广场舞有它正面的价值，我们不能盲目地否定，要加以引导。

以家庭的形式参加社区体育，应该满足两个需求：第一，培养家庭成员和社区成员之间的团队意识；第二，能够体现出社区成员的使用与满足感。其实，我们国家对于社区体育还是很重视的，只是我们落实的措施不够。比如，2002年，中共中央、国务院就出台了《关于加强和改进新时期体育工作的意见》，意见里提出社区体育工作的法则就是"三边"工程，哪"三边"呢？身边的场地、身边的组织和身边的活动。如果把这三点落实好了，社区体育就上来了，但最大的难度在于缺少身边的场地。

在社区里，我们最常见的东西就是楼盘，里面的楼盘很多，但运动场所较少。如果政府采取立法的方式，我们在做楼盘规划的时候，就要求做多大的楼盘，就应该有多大的体育活动空间，如果小区面积有100亩，就规定必须拿出3亩地来做体育活动场所。在社区里有很多组织，我们把社区里为居民服务的组织和体育组织建起来，成立很多社区体育俱乐部，那这项活动不就可以组织起来了吗？所以，"三边"工程，如果我们把它落实好，需要有立法规定。现实的情况是，很多楼盘很多社区没有体育场馆，或者说有体育场馆是国有的，那么，政府要为老百姓为社区居民的体育购买服务，购买服务的方式就是体育场馆要面对青少年免费开放，这一点在香港做得非常好，我专门去调研过"香港社区体育"。若你想要到国有的场馆去打比赛，可以不花一分钱，你要做的事情就是事先打电话订一个场地，如果你的场地提前定下来，你就可以去打，你去现场会发现，有专门的社区体育指导员来给你做指导，他不收你一分钱，另外在场馆里还有免费的饮用水可供你使用，所以，这个香港模式是我们国家正在努力的一个方向。

第三，广泛开展不同形式的学校体育联赛。

学校体育的特点,第一,单一性。因为学校里,校园比较封闭,统一的教学大纲,同一个年级年龄层文化层都比较一致。第二,集中性,大家在一起。第三,教育性,学校体育最基本的就是教学生学会体育技能,另外加强安全保护。我国目前的学校体育仅仅是以广播体操的方式,或者以一种大家挤在一起,实际上没法开展运动,这个跟我们国家把体育作为国民经济发展的战略还相距甚远。从这个意义上讲,我们要学一学我们的近邻日本人的经验,日本的国土面积很小,但是它的人口又很多,日本人他是怎么推广学校体育呢?它主要特点就是联赛,不同学校、不同级别的联赛,日本的小学联赛、中学联赛,足球也好,棒球也好,一场比赛的观众人数动辄是好几万,比我们职业足球联赛的观众的上座率还要高,究其原因,就因为它的联赛发育程度很高,组织得很好。再就是跟欧美一样,家庭的因素要参与进来,所以这是我们学习的榜样。

我们现在发展学校体育最大的问题,还是场地问题,如果没有校内的场地作为保证,学校体育联赛也就难以开展,即使现在国家提出大力发展校园足球,每个学校都在搞足球,但是你连一个足球场都没有,那怎么办?如果你有一个足球场,你的班级又很多,你没法开展,因此老校区,我觉得我们不一定要都要走足球道路,一校一景,一个学校有一个学校的体育特色,这种方式就比较好。另外,现在新的校园扩建是很普遍的,政府在做新校区规划的时候,要做到什么呢?应把学校体育场所的面积、功能和教学楼放在同等的地位,这样,我们的学校体育才有可能发展。

第四,把体育素养作为青少年升学的重要考核依据。

其实,把什么东西都跟升学挂起钩来,是很令人烦恼的一件事,也是一种不科学不民主的方式,但是,在中国目前这种情况下,要家长自觉转变观念是一件很难的事情,也许通过政府立法是唯一有效的途径,我们把学生的体育达标作为升学的重要依据,那就不一样了。比如,如果你要升入重点大学,你必须会哪些项目;你升入重点高中,你必须会哪些项目;把这些你必须会的项目,作为标准提出来,那么家长的观念,就不得不发生改变。从奥数到奥体、奥林匹克数学、奥林匹克体育,现在想想其实欧美家长对于孩子所做的支持与努力就是奥林匹克体育啊,而我们国家过去强调奥林匹克数学,好在国家现在已经明文规定,奥林匹克数学竞赛获得的成绩不能作为高考加分,但是政府可不可以把参加各项体育比赛所获得的成绩作为加分呢?这是一个转变。另外,第二个转变,从培优到培体的转变。在课程方面,我们不要过度地强调文化方面的特长,而要强调体育方面的专长。第三,从强制到自觉的转变,如果我们经历了这么一个阶段,后面也许我们就不用说体育可以作为高考加分的项目,因为什么呢?整个社会都很重视体育了,就不一定要明文规定了。

第五,充分发挥新老媒体的传播功能,老媒体以报纸和电视为主,新媒体离不开"互联网+"平台。

我们知道,今天体育媒体都不好发展,以前很强大的体育报纸纷纷倒闭,有些没有倒闭的,日子也不好过。而看一看电视体育,中国的职业体育应该讲方兴未艾,但是电视体育分化为三个层次:第一,中央电视台一家独大,有了一个CCTV5还消化不了,又加了一个CCTV5+。第二个,北京、上海、广东三家体育频道,他们的日子过得还可以。那么,到了第三个层面,各省市的体育频道你打开一看,里面都是饮食节目、连续剧,因为体育它要购买版权,有些版权只能任由中央电视台独家经营,地方台只能干瞪眼。另外,很多城市没有职业联赛,就没有赛事转播,那么在这个背景里,如果我们的群众体育,我们的青少年体育,我们学校联赛,我们的社区比赛都做得很好,媒体可以把这方面的故事挖掘出来。还有,地方媒体可以跟中央电视台,可以跟北京、上海、广东三地电视台错位经营。此外,媒体在做了社会公益的同时,也能够获得经济效益。

从新媒体角度上说,现在我们所处的时代叫"互联网+"时代,"互联网+"就是用互联网的思维,加上一个传统的行业,产生一种新的经济形态,所以"互联网+"像原子弹一样产生一种无可估量的裂变,在体育运动里也是一样的。网络新媒体,手机App,软件的使用,对于人际关系有着极大的改变,形成了一个新的网络社区,而这个新的网络社区跟我们传统的社区是不一样的,传统的社区我们生活在一起,我们甚至要在一起养老,而新媒体社区更多的是以兴趣与爱好,与技能,与情感,联合在一起。就好比说通过一部手机,我可以约场馆、约时间,还可以约对手,多好啊,所以这是大势所趋。

四、小结

本讲我们从游戏入手,表达了体育是青少年社会化的最佳途径的观点,重点介绍了国外家庭体育的发展情况,就是以家庭体育作为基础,讲解了一块基石、两项运动、三个问题、四条措施,最后我们把落脚点回归到我们的脚下,我们的中国大地,我们中国的青少年体育,应该在家庭体育的基础上如何开展。如果我们需要做一个结论的话,我想可以这样总结:发展青少年体育必须以家庭体育作为基础,需要家庭、学校、社区和政府的共同努力。其中,在价值取向上,比比分更重要的是兴趣。

谢谢大家!

(肖婷转录,任环校对)

体育与政治

权力与利益的多边博弈

在20世纪90年代,影迷都非常迷恋西部电影,西部电影有一个模式,电影中往往会有三种主人公。比如一个印第安的青年骑着高头大马,手持猎枪,进城要追杀一个仇人,这个仇人是一个皮货商人,他做生意很狡诈,正当他赶到这个皮货店门口的时候,一个白衣少女出现了,拦住了这位印第安的青年,"且慢",故事由此展开。

在这个故事里,印第安的青年,白衣少女,这个少女她可能是个教师,也有可能是一个护士或者医生,再加上皮货商人,做生意的人,其实就构成了生活中权力的三角结构,三个支点,那这个权力就是:暴力、财富和知识。印第安的青年代表暴力,又叫膂力;白衣少女如果她是护士或者是教师,她代表知识;皮货商人他代表财富。

那么,我说的这一个西部电影的模式,其实专门有一本书来研究这个问题,这本书名是《权力的转移》。《权力的转移》是美国社会学家阿尔文·托夫勒《未来三部曲》中的一部(《未来三部曲》:《未来的冲击》《第三次浪潮》《权力的转移》,大家有兴趣都可以去读一读)今天我们从权力说起。

今天我们讲的主题是权力与利益的多边博弈,副标题是体育与政治。我们讲四个方面的问题:第一,政治权力与体育利益之间的关系;第二,体育与政府的关系;第三,在国际政治进程中体育与国家、与跨国公司及与全球政治进程的关系;第四,体育内部的政治问题。

一、政治与体育

我们先看第一个问题,政治与权力。

政治的核心是国家的政权问题,它是经济的集中表现,政治就是为经济保驾护航。那么,权力是政治中的核心概念,权力是指影响他人甚至不顾他人的反对达到目的的能力,是对别人有特殊的控制。说到底,权力就是一种能力,这种能力是一种平衡的能力,在中国的汉字解析中,权就是一种衡器,权,衡也,权衡权衡就是这么来的。权威是权力的一种形式,就是一个人一个权力,他的能力如何体现呢?靠权威来体现,那么什么是权威呢?权威是一个组织或者一系列关系中被认可的、合法的地位或职位。

我们再回头看一看体育,狭义的体育就是一种游戏性的身体竞赛,那么广义的体育是一种社会活动或者文化现象,它们都是功利与审美的结合,那么,体育中的权力,就植根于体育中,有功利问题,有利害问题。所以,体育与政治的关系其实就是体育利益和政治权力之间的平衡与博弈,所谓的体育远离政治其实只是一种理想,分清了体育利益和政治权力的关系之后,我们再来看一看体育与政治究竟有哪些关系。

二、体育与政府的关系

先从它跟政府的关系来看,体育与政府的关系,我们主要指在一个国家内部,体育和不同级别的政府是如何发生关系的。

第一,政府要保证体育的公共秩序。

政府要立法,体育也要立法,每一个人都有体育的权利,体育的形式、体育的内容、体育的活动方式都要通过立法来进行规定,有哪些是合法的,有哪些是非法的。比如,如果说打麻将是体育运动的话,那只能是竞技麻将,而我们讲通过体育通过打麻将来挣钱就是违法的。

在每一次大型赛事或者综合性的运动会中,最重要的措施就是安保。我们讲一届运动会成功与不成功,要考虑的因素很多,第一位的因素是安全保卫,第二位的因素是竞赛组织,第三位的因素就是新闻传播,第四位的因素是招商引资,包括门票的销售等。那么安保是第一位的,因为不能出现任何的群体性事件,这都是政府的责任。

北京奥运会召开期间更有全副武装的战士在做保卫(见图6-1)。

第二,政府倡导体育,促进公民健康。

政府要为民众提供体育服务,又叫政府购买体育服务。政府购买体育服务,对于民众的体育加以指导,它的好处在什么地方呢?最大的好处在于能够促进公民的身体健康。大家想一想,如果公民身体健康了,最大的,我们看得见的好处,有两点:第一,它可以促进工作或学习的效率;第二,它也可以减

图 6-1　武警进驻"鸟巢"①

少医疗费用。

我们知道,政府头疼的事情有很多,但起码有两件事情是每个国家,不管什么样的意识形态都要考虑的,第一,养老保险;第二,医疗保险。如果一个国家的公民身体都比较健康,政府就可减少很大的负担。

第三,政府通过体育提高群体、社区和国家的声望。

各级政府之所以频繁地介入体育,就是为了寻求认可,认可什么呢? 认可政府的合法性,和提高政府以及政府工作人员的声望。那么,这个声望就是政府的社会形象。我们回想一下,这样的例子非常多。1958 年,巴西人在欧洲在瑞典获得了世界杯的冠军,当时巴西的政府与媒体等方面都一致认为,巴西人他们的生活方式已经相当优越,甚至是优于欧洲的生活方式和生活标准,其实巴西到现在离欧洲的标准还是有很大的距离。

第四,体育能够增强认同感、归属感和团结感。

为什么呢? 因为体育长期以来被团体、组织、城镇、城市和国家用来表达他们的集体情感。好比说,中国足球超级联赛今年空前火爆,最火爆的是广州恒大,而广州恒大其实也只有几年的历史。在 2013 年,广州恒大即将夺得亚洲杯冠军的时候,时任广东省省长的朱小丹专门为广州恒大去了一封激励的信件。从严格意义上讲,广州恒大的归属,它的区位应该属于广州市政府,但因为它是一个品牌,广东省也可以把它作为一个名片。

现在在国际上有一种趋势,就是随着国家边界在人们的生活当中变得越模糊和越来越不重要,世界许多国家的政府正在利用运动、利用体育来提高

---

① 环球网. http://mail.huanqiu.com/gt/2008-07/167518_3.html.

对国家的认同和内部的团结。当然，这是一个西方的看法，我们中国人是非常强调国家边界和国家认同，而在欧洲，由于贸易和人员往来的需要，他们就建立了一个欧盟。所以，欧盟想要提高认同感，除了议会、政治、货币等这些因素以外，最好的方式就是体育。打个比方，欧洲足球锦标赛在某种意义上讲，就是团结欧洲的一个很好的载体。

第五，体育跟政府之间的关系，它强调与主导意识形态相一致的价值及其取向。

在我们社会主义国家，它非常强调的是集体主义和团队合作。现在，我们可以看到，我们国家的运动员，不管谁拿到了冠军，首先都很感谢国家、感谢教练、感谢团队。当然，年轻人有时候也会发自肺腑地认为要感谢父母。所以，在2010年温哥华冬奥会比赛期间，当年18岁的周洋在获得金牌之后脱口而出"感谢父母"，其实她也感谢国家、感谢教练，但下来之后有些政府官员就批评了周洋，他们认为周洋应该先感谢国家。其实，感谢父母、感谢教练或感谢国家，先感谢谁不重要，最重要的是我们要有一份感恩之心。

在市场经济的背景下，主体国家强调的是个人如何实现目标和通过对运动达到自我实现，但是有一点，不管中国还是西方，几乎所有的国家，他们的新闻报道都强调国家共同的意识，那就是把国旗、国徽、国家的颜色连在一起。所以，在体育比赛中，无论是开场还是结束，最重要的体现就是，颁奖仪式上一个国家的元素能够得到淋漓尽致的体现。我们说体育最好远离政治，但实际上很难做到。举个极端的例子，1936年柏林奥运会期间，希特勒就通过奥运会作为他纳粹的宣传工具，希特勒一再地提倡人种优越论，他们就认为雅利安人是最优秀最杰出的人种，对别的人种嗤之以鼻。这实际上是逆历史潮流而动，当时有一个美国的选手在公共场所就打了希特勒"一耳光"，当然这种打耳光是引号的，他用他的运动成绩回击了希特勒以及纳粹德国的那些偏见。这个人就是欧文斯，他是黑人的后代，在这届奥运会上他一个人夺得四块金牌，100米、200米、跳远和4×100米接力都获得了金牌，最后让人们觉得，世界上不管什么样的人种，只要发挥到最好，大家都是一样的。

体育跟政府关系的第六个方面，增加市民对个人、政治领导人及政府本身的支持。

我们可以看到，当政府赞助或者推动人们看中并喜欢的活动及项目的时候，他们就增加了在市民眼中可见的合法性，因为没有合法性，政府和政府官员就有失去权力的危险，所以，我们能够看到，政府官员参与体育，有些是真的喜欢,有些就是为了奔着这个合法性而去的。

体育与政府关系的第七个方面,促进社区和社会的整体经济发展。

体育赛事是推动投资、旅游和娱乐的好机会,即使运动项目本身不盈利,但地方的某些部门却挣了钱。比如,2010年广州亚运会期间,广州市政、交通、硬件、软件都发生了很大变化。我记得有一天,市政园林局召开新闻发布会就讲,他们在园林绿化、道路设施改善,还有景观设置方面做了些事情。其中,就包括在广州市面上,主要的旅游景观的节点就放了很多很好看的很大的黄蜡石,后来经过记者的调查查明,这些黄蜡石实际上是市政园林局下面的一个公司来完成的招投标。那么,按照正常的程序,招投标应该是跟政府自己办的公司相脱离,而这个例子就说明,政府自己的部门通过亚运会也挣了钱。

在讲了体育和政府的关系后,我们再来看一看体育与全球政治进程之间涉及的关系,这是我今天这一讲的第三个大的问题。

三、体育与全球政治进程

(一) 体育与国家之间的关系

我们先来看一看体育跟国家之间的关系。国际体育长期的理想是促进国家间的平等和友谊,可以成为真正的文化交流的载体,这是理想,那么,现实是种什么样的情况呢?

第一,在外交层面,对于国家的严肃的主权外交影响甚微。什么叫严肃外交、主权外交?比如,中国和日本在钓鱼岛问题上存在分歧,中国在南中国海和一些国家有纠纷,那么,这样一些牵涉主权问题的,很严肃的外交,很显然要经过很严肃的谈判,而这个谈判最后的砝码是什么?肯定不是体育,而是综合国力、是军事。但是,在国与国之间关系紧张或微妙的时候,体育可以登台唱戏。

第二,体育逐渐变得超越国际利益,而追求国家利益。其实,这就背离了理想,因为国家利益有时候就跟奥运会的理想背道而驰,在这个问题上,有两个非常典型的例子,就是政治非常严重地干预体育。那就是1980年莫斯科奥运会和1984年洛杉矶奥运会,这两届奥运会都发生了我们不愿意看到的一幕。

1980年的奥运会,以美国为首的北约集团,为了抗议苏联入侵阿富汗,这只是个理由,更重要的是,他们要用资本主义意识形态来抵抗与之不同的意识形态,不参加莫斯科的奥运会。那么,四年以后反过来,以苏联为首的华约集团,他们也抵制在美国举办的洛杉矶奥运会,这是两个不好的先例。这两个先例其实就把奥运会变成了超级强权政治的一种延伸。

图6-2　尤伯罗斯①

尤伯罗斯,1984年洛杉矶奥运会组委会的主席(见图6-2),原本是某旅游公司的小老板,当年46岁,很成功地把商业元素引入到了奥运会当中,他认为,"我们必须面对这个现实,即奥运会不仅是一个体育事件,也是一个政治事件。"这么讲商业的人,他也回过头来看到,其实奥运会背后有很强的政治色彩。

第三,在全球政治进程中,体育是穷国在技术、设备等方面日益地依赖富国,导致小国与穷国的民间体育难以发展。

第四,体育常常成为文化的出口物,从富有的国家输出文化帝国主义的相关意识形态,进入其他国家之后形成人们的一种生活方式。很简单的一个例子,全世界最喜欢篮球的是美国,可以说,美国的NBA回过头来又以文化输出的方式倾销到世界各地,这就是一个典型的例证。

(二) 体育与跨国公司之间的关系

体育与全球政治进程发生关系时的第二个方面,就是体育和跨国公司的

---

① 新华网。http://news.xinhuanet.com/olympics/2008-08/08/content_9042261.html。

关系。

以前,我们很少注意体育跟跨国公司有什么关系,随着全球化的加速发展,跨国公司确实使主权国家的权力有所削弱,为什么这么说呢?我们今天面临的现实是,跨国公司在国际投资当中已经占到投资总额的90%,跨国公司的收入已经占到外贸收入的60%。在世界100强中,如果说以国家和跨国公司混合排名的话,在世界经济实体100强中,有超过一半以上的是跨国公司。

图6-3 世界第一家跨国公司—英国东印度公司①

世界上最早的跨国公司,是1600年成立的英国东印度公司(见图6-3)。跨国公司赞助体育,是一把双刃剑,有好有坏。好的一方面,它促进了世界体育的发展,促进了人际交流,促进了大众传播;那么,坏的一方面,它改变了很多的传统,而这些传统一旦改变就不复再来。下面我们来看一看,跨国公司赞助体育运动的结果。

第一,国际体育正在从展示民族主义的舞台,转变为大型跨国公司展示商业成就的舞台;第二,传统的体育-政治关系正在转变为体育-经济关系;第三,国际体育中爱国主义和民族主义,正在转变为地位意识和个人消费;第四,奥运会从神圣到世俗再到商业,可以说,现在的奥运会就是一个商业秀,是一个商业的博览会;第五,根据标志而不是国籍来识别运动队和运动员成为新的趋势,标志忠诚逐渐取代国家忠诚,消费主义在逐步取代爱国主义,这是一个危险的趋势;第六,对于观众而言,传统的观众—市民关系变成了"观众—消费者"的关系;第七,跨国公司通过赞助全球体育运动,逐渐成为全球

---

① 趣历史. http://www.qulishi.com/news/201503/30337.html.

的文化传教士,他们推销产品的同时,正在推销一种基于消费的生活方式。

举两个例子来说明:近的是2014年巴西足球世界杯期间的梅西,远的是1998年法国足球世界杯期间的罗纳尔多,这两人在当时分别代表两个国家,但是又代表了他们的赞助单位。1998年巴西队可以说是如日中天,但在决赛的时候输给了东道主法国队,其中一个很重要的因素,就是在赛前罗纳尔多的身体出现了状况,用今天的话来说,他有癫痫症状。按道理,一个明星运动员在决赛之前身体出了问题,可以不打,但是最后罗纳尔多还是上场了,事后揭秘,罗纳尔多是应赞助商耐克公司的要求,因为他是耐克打造的商业巨星,他不出场耐克不答应;他出场,巴西队的实力受损。所以,这是一段冤案。法国世界杯结束以后,巴西国内包括巴西的议会对此展开了旷日持久的调查,最后的结果是不了了之。

我们再回头看一看2014年巴西世界杯期间,梅西和他的阿根廷队很遗憾地没有拿到冠军,而人们或者全世界的媒体中的大部分,特别是中国的媒体都希望梅西拿个冠军(见图6-4),因为中国的球迷很大一部分是阿根廷队球迷。就现实的表现来说(见图6-5),世界杯期间的梅西表现得还可以,但不是最好。世界杯结束的时候,梅西被评为世界杯期间最有价值球员,实际上有很多的人比梅西的表现要好,包括国际足联主席布拉特也说梅西不配得到这个称号。事后分析,商业的因素起了作用,那就是世界杯的赞助商阿迪达斯公司起了作用。所以,我们回头看一看,每届世界杯几乎都是耐克、阿迪达斯、锐步、彪马等公司之间的竞争,世界杯都快变成跨国公司的世界杯了。

图6-4　2014年巴西世界杯的梅西①

---

① 腾讯体育. http://sports.qq.com/a/201201017/000471.html.

图 6-5 1998 年法国世界杯的罗纳尔多①

(三) 其他全球政治问题

体育与全球政治进程关系的第三个方面,就是其他的政治问题,这里我主要说两个问题。

第一,作为全球流动人口的运动员,人才流动通常更多地体现在对流入国和流出国的影响。所谓流入国,巴西的球员到中国打球,巴西是流出国,中国是流入国;从受益来讲,中国,流入国,受益的可能性要大于流出国。为什么呢?因为国际人才提高了联赛的水平,提高了上座率,提高了观赏性。

国际体育流动人口带来的问题,综合起来看,主要包括三个方面:第一,它抽空了流出国的职业联赛,因为明星都走了,上座率就肯定降低了;第二,它挤占了流入国青年球员、体育人才上场的机会。你看中国联赛中,为什么没有前锋呢?我们最为感叹的是,叫作锋无力,因为在国内的联赛中,前锋基本上都是国际球员,为了保护中国的职业联赛球员的位置,我们国家做了一套规定,在守门员的位置上不能引进国际球员,所以,我们的守门员还可以;第三个弊端,国际体育流动人口,他们所承受的压力非一般人能想象,他们的压力主要体现在语言、饮食、思维、文化等方面。

比如,王治郅、姚明、易建联、巴特尔、孙悦这五个人(见图6-6、图6-7、图6-8),是中国人进军 NBA,在 NBA 打过球的人,但真正的成功人士只有姚明

---

① 腾讯体育. http://sports.qq.com/a/20060302/000728.html.

一人，其他人则没有想象中的那么成功，表面看来跟球技跟实力有关，其实它是一种综合的反映。

图6-6　王治郅、姚明、易建联①　　图6-7　巴特尔②　　图6-8　孙悦③　　图6-9　孔卡④

另外，阿根廷球员孔卡（见图6-9），在中国可谓家喻户晓、无比成功，他是迄今为止中国职业联赛二十多年来最成功最大牌的国际明星，想当年他以1000万美元的身价转会广州恒大，在广州恒大只待了两年半的时间，但这两年半期间他所取得的成绩是任何人都不能比拟的。他参加了96场比赛，进了51个球，有34个助攻，帮助广州恒大赢得了3次职业联赛的冠军，1次亚洲杯的冠军，1次中国超级杯的冠军，最后他执意在合同期满要离开中国。他离开的最大原因，第一是语言，因为欧美人都能讲英语，讲西班牙语，讲葡萄牙语，起码能讲一种，但我们中国人，因为外语基础不太好，所以就缺乏交流。第二，球员跟教练之间关系不畅。比如，孔卡在身体没有问题的情况下，当时的教练李章洙动不动就把他换下来，致使矛盾终于在2012年五一期间爆发了。有一场比赛孔卡打了60分钟被换下，他一下来之后非常生气，一脚把那个矿泉水瓶踢翻了，助理拿来毛巾，他把毛巾又摔在地上。就这一个动作，带来了非常严厉的惩罚，这个惩罚是什么呢？广州恒大对孔卡实行禁赛9场，罚款100万人民币，比这更恶劣的是，据说主教练李章洙还打过孔卡。2014赛季孔卡离开了中国回到了巴西赛场，在巴西联赛当中也取得了很好的成绩，2015年当中超风云再起，孔卡再一次回到了中国，不过这一次去的是上海上

---

①　搜狐新闻. http://mt.sohu.com/20151028/n424488710.shtml.
②　搜狐新闻. http://news.sohu.com/20041006/n222353684.shtml.
③　百度图库. http://image.baidu.com/search/detail?ct=503316480&z=0&ipn=d&word=%E4%B8%AD%E5%9B%BD%E7%90%83%E5%91%98nba%E7%8F%8D%E7%8F%8D%E5%AD%99%E6%82%A6&step_word.
④　梅州网. http://www.meizhou.cn/2012/0706/296542.shtml.

港，人们从孔卡的身上依旧看到了他的球技，还有他的职业精神。

第二个小问题，全球政治和运动设备、服装、生产之间的关系。

在经济全球化的背景下，体育装备在穷国生产、富国销售已成潮流，世界名牌的亚洲生产基地被媒体批评为"血汗工厂"（见图6-10）。

图 6-10　鞋子制造工厂①

在20世纪90年代，生产一双在美国售价一百多美元的鞋子，在世界各地的工时价格普遍比较低，当时最低的是中国和印尼，工人每小时只有25美分，在泰国每小时75美分，韩国的经济收入高一些，每小时2.25美元。

四、体育中的政治

今天我要说的第四个方面的问题就是体育中的政治。政治是体育的内在成分，各级体育组织都被称为管理实体，各种比赛和组织都有自己的政治。可以说，体育的政治呈现，最大的方式就是通过管理集团，通过我们的行政单位得以体现，我们从下面八个方面来看体育中的政治。

（一）竞选政治

过去的几天，世界媒体像过狂欢节一样地报道国际足联的主席竞选，国际足联主席布拉特在过去的几天，像坐过山车一样，经历了他人生中的又一次惊心动魄。那么，布拉特是个什么样的人呢？在媒体报道当中，布拉特有两面性，一方面，他是个"圣人"，准确地说，是圣诞老人。我们知道，圣诞老人是专门送礼品的，小朋友最喜欢，那么，布拉特也是一样的，一年到头全世界

---

① 雨果网. http://www.cifnews.com/Artic/e/12050.

奔走，把国际足联的一些理念、政策，还有些礼品到处送；另一方面，媒体所塑造的布拉特是个恶魔，是一个和本·拉登齐名的恶魔，不除之不痛快，这是媒体呈现的布拉特。

那么，谁反对布拉特呢？反对布拉特的人，主要以欧美为主，有美国人有英国人；反对他的机构，主要是欧洲足联，因为欧洲足联以普拉蒂尼主席为首，就认为布拉特动了欧洲的奶酪，把它分给了世界的穷人。这样一来，布拉特就面临巨大的挑战。我们知道，在国际足联代表大会召开的前夕，"世界警察"美国，以暴风形式在瑞士逮捕了参加国际足联代表大会的 7 位高官，还有国际知名企业的 7 位高管。英国首相卡梅伦公开发表言论说，"布拉特应该下台"。与此相反，俄罗斯的总统普京公开支持布拉特，认为美国再一次跨越了法律的界限，做了它不应该做的事情，认为英国美国别有用心。在这么大的压力面前，布拉特并没有倒下去，相反他以自己一贯的手法，第五次当选了国际足联的主席，那么，他的制胜法宝何在呢？谁支持布拉特呢？

布拉特的法宝就在于：第一，削弱欧洲的力量，重视亚洲和非洲，国际足联主席的选举一国 1 票，一个会员单位 1 票，穷国 1 票富国也是 1 票，这样亚洲和非洲加起来就有 100 票，有这两个大洲垫底，他就不愁他不能连任主席。为了这两个大洲，布拉特在政策方面做了些调整，第一，世界杯轮流举办，非洲可以举办，亚洲也可以举办，其他的洲都可以举办，让大家都有机会；第二，世界杯参赛的名额，降低欧洲的名额，增加非洲、亚洲的名额；第三，他给国际足联会员国，不论国家大小，足协一律平等，每一个会员都给 100 万，你要知道世界上有很多小的国家或地区，他的人口本来都没有 100 万，你给他 100 万美元，那可谓一笔大的收入，但是对于英国、美国来讲，可能就是毛毛雨了，这都是布拉特的策略。还有，他在足球发展方面，推出了 U20、U17，就是 20 岁以下，还有 17 岁以下世界杯赛，发展青少年足球，他对于我们中国足球的帮助也很大。最后的结果，也是布拉特以高票当选，压倒了竞争对手阿里。

（二）设组政治

国际拳击组织，按道理来讲，一个就可以，但实际上它有好多个，这里我们列举的三个（见图 6-11、图 6-12、图 6-13）比较重要的。2015 年美国拳王梅威瑟和菲律宾拳王帕奎奥，他们之间的比赛，就是这三大组织的统一赛，之所以设了很多组织，都是因为利益问题。

图 6-11　世界拳击协会徽标①　　图 6-12　世界拳击理事会徽标②　　图 6-13　国际拳击联合会徽标③

（三）设项政治

我们知道，国际奥委会项目设置是一门学问，但更是一种政治。现在项目越来越多，举办城市接待能力有限，不堪重负，在这个背景下，国际奥委会做了一项很重要的改革，就是奥运瘦身计划。伦敦奥运会之后，把原来的 28 个大项减少成 25 个大项，言下之意要拿掉 3 个项目，它们是摔跤、壁球、棒垒球，然后从这 3 个大项中，再挑一个项目作为 2020 年东京奥运会，以及 2024 年奥运会的临时设置大项，所以拿掉这 3 个项目之后，俄罗斯和日本就急了。因为摔跤是俄罗斯和日本的强项，也是他们的金牌库，国际奥委会在讨论从拿出的这 3 个项目中，再重新找出一个临时项目时，普京出来发话了，说他很喜欢摔跤，并做了示范性练习（见图 6-14）。

图 6-14　普京练习摔跤④

---

① 百度百科. http://baike.baidu.com/item/%E4%B8%96%E7%95%8C%E6%8B%B3E5%87%BB%E5%8D%8F%E4%BC%9A/5035197?fr=aladdin.
② 阿里巴巴网. http://harlibaba.com/news/bencandy.php?fid=105&id=1115.
③ 中国网体育频道. http://www.china.com.cn/sports/2015-05/08/content_35523001.html.
④ 新华网. http://news.xinhuanet.com/photo/2013-11/15/c_125705628_8.htm.

普京其实是一个运动家,他在柔道和摔跤方面都非常有实力,他在媒体面前这么一摔,一发言,最后就把摔跤继续留在了奥运会的大家庭,日本也拍手称快。那么,普京支持摔跤,就意味着俄罗斯在随后两届的奥运会上,有能够比较稳定的金牌数,这为普京的政治主张和政府的合法性增添了砝码。

(四)选址政治

大型赛事在什么地方举办都是有名堂的,就好比说,国际足联在选拔、选择举办国家的时候,以前是一次选拔一个,但上一次国际足联选拔时,一次就选拔了两个,而奥运会对于举办城市的选择,学问就更大了(见图 6-15)。中国已经成功地举办了 2008 年北京奥运会,其实我们本来有希望在 2000 年时就举办奥运会,可惜 1993 年我们在申办奥运会的时候遭遇了困难,即遭到了西方国家的抵制。

图 6-15　荣高棠是新中国体育奠基人之一①

当时中国输给了悉尼,而悉尼是澳大利亚的著名城市,当时英美人以及英联邦国家都合起伙来"围剿"中国。

(五)规则政治

我们知道,体育比赛没有规则就没有游戏,但规则的修订是一件非常不容易的事情,拿足球来说,足球竞赛规则很难动,不能动的原因,是因为英国

---

① 搜狐体育. http://2008.sohu.com/20070729/n251302202.shtml.

人具有很大的话语权。另外,即使是规则确定之后,裁判的执法尺度也存在变数,在执法的过程中也有政治,有些政治,它就是一种潜在的意识。

(六)打分政治

体育比赛的打分方式有两种:第一种是客观计分,通过计时器、计分器准确测量,这种方式比较客观;第二种方式就是主观的评价,我们叫打分,像跳水、体操这些都是打分类。打分类会受裁判个人喜好的影响,有哪些因素会影响裁判的打分呢?对于女运动员来说,漂亮不漂亮,性感不性感,这是一个要素;另外,一个运动员是否是一个成名的运动员,一个知名度大的运动员;第三个方面,这个运动员是不是上届冠军;第四个方面,在打分类项目当中,打分的裁判和来自同一个国家或地区的运动员,有时候不加回避,当遇到自己的同一个国家的人或者遇到老乡,有可能会影响他的打分。这些都叫打分政治。

(七)资格政治

什么样的人,能够作为比赛的选手参加比赛,这里面都有学问,都有讲究。其中比较重要的分别有,是职业选手,还是业余选手参赛的问题。奥运会以前只允许业余选手参赛,不允许职业选手参赛。另外,从选拔方式来看,每个国家的做法不太一样,我们国家的选拔是队内选拔,就是一种半公开的选拔方式。而在西方一些体育发达国家,他们对于比赛选手的选拔不像我们国家采取举国体制,他们采取的是公开的比赛方式,这种方式应该说更加公平一些。不管是哪种方式,都有一双看不见的手在进行博弈,那就是权力和利益。

这里我们举一个例子,2012年伦敦奥运会期间,中国的女子奥运选手周俊在53公斤级的比赛中交了白卷,举国震惊,因为中国是举重大国,只要中国代表团认真地选一个人,随便谁出去都可以拿奖牌。在过往的比赛中,奥运会,中国先后一共派出了13名女子运动员,取得了12项金牌1项银牌,那么在周俊的问题上,为什么会出现这个问题呢?

事后媒体揭秘[①],在女子48公斤级和53公斤级这两个级别奥运选手的选拔中,主要是由湖南省和湖北省两省的体育局来完成的,然后报国家体育

---

① 凤凰网. http://2012.ifeng.com/zhongjingji/detail_2012_07/29/16390374_0.shtml.

总局批准才成行。事实上的情况如何呢？在48公斤级这个层面的选手中，湖北的田源独步天下，如果她参加奥运会拿金牌就相当于是囊中探物，更重要的是，她还有打破奥运纪录和世界纪录的可能。但就这么一个运动员最后竟没有去伦敦，最后去伦敦的是湖南省的王明娟，为什么呢？根据媒体的分析，在伦敦奥运会出征之前，有人、有媒体就炒作说湖北的田源性别特征不明显，其实她本来就是个女子选手，炒作的言下之意就是她可能有双性人之嫌。这对一名运动员是极大的不尊重甚至是诬蔑，最后去到伦敦的是王明娟，王明娟也不错，但比田源要差一截，但为什么最后定王明娟去呢？因为2012年王明娟已经26岁了，此前她两次都有可能参加奥运会但都没有去成，实际上这就是种平衡，对王明娟是一个平衡，对湖南省也是一个平衡，好在王明娟最后把这块金牌给拿回来了。

我们再来看一看53公斤级怎么回事儿呢？53公斤级世界上公认最强的是哈萨克斯坦运动员祖尔菲亚，这个人其实就是一个中国人，就是一个湖南妹子，后来她被归化到了哈萨克斯坦。其实也是我们把她送出去的，但送出去之前谁也没有想到她会对我们造成这么大的威胁。那么，在国内真正能够挑战祖尔菲亚的人是湖北的纪静，按道理说，湖北如果派纪静出去也可以，结果没想到在湖北内部就认为，纪静在伦敦奥运会之前，她的状态不是特别好，她如果代表湖北、代表国家参赛的话，没有把握能够夺金，所以最后就变成了让从来没有打过大赛的周俊取代纪静，最后的结果大家也知道了。

周俊在试举的时候，三把都没有举起来，交了白卷。这就得让我们重新来审视，中国奥运会代表团、代表队员的选拔问题，其背后的问题在哪些方面呢？在选拔的机制以及省市平衡、补偿照顾方面都存在一些深层次的问题。因为一个运动员如果拿了奥运冠军，他后面就存在一个很强大的利益集团，他的家族、他的教练，他原来的少年体校、省体校，还有国家队，更重要的是，奥运会的金牌折算成几块金牌，就变成了事后的全运会的金牌。所以，一块金牌牵动了许多人的神经。

（八）待遇政治

按道理说，体育最讲究的就是规则，即使是要给运动员发待遇、给报酬也应该有标准，但很可惜，这里面也有一些不平等的情况。比如，从国际上来讲，美国的体育可以分为职业体育、半职业体育和大众体育，只有三种基本形态。其中半职业体育就是美国的学校体育，美国的学校体育的水平非常高，它的大学生联赛、高中联赛之中的球类项目,实事求是讲,随便一个学校组一个队,都有可能比我国很多省市代表队的水平,甚至比很多国家队的水平要高。这些很高水平的学生运动员,他们只能拿奖学金或者助学金,他们不能像NBA职业球员拿高额的工资,这本身也是种不平等。

那么,回过头来看我们国家,奥运选手,或者代表国家参加世界大赛的选手,金牌选手、银牌选手、铜牌选手,他们所获得的待遇跟报酬是否一样呢?也不一样。同样是奥运冠军,有些奥运冠军退役以后,除了房子、车子,还有票子、位子。但是,另外跟他们同时代的人,就可能除了退役的时候有一点奖金以外,后来可能就缺乏政府对他们的关爱。因为对于一个职业运动员来讲,退下来最大的问题有两个:第一,文化水平不足,很难找一个很好的职业;第二,一身伤病,如果是很风光的奥运选手,退下来之后,还可以做处长,或者可以做副厅级干部,有些还做到了厅级干部。那么,这就是一种事实上的不平等,而这种不平等,就需要通过我们的政策去平衡、去调节。

五、小结

不平等哪里都有,生活还要继续。今天这一讲,我们主要从政治权力和体育利益入手,分别讲了体育与政府、体育与国际政治进程、体育中的权力与利益的平衡与博弈。通过讲解我们可以看出,体育和政治的关系十分密切,那种认为体育与政治可以分离的观点,其实是非常幼稚的。可以说,政治不是体育,但体育一定会或隐或显地呈现出政治的元素。

今天的讲座到此结束,谢谢大家!

(任环转录,校对)

体育与外交

小球推动大球

2014年2月7日,中国国家主席习近平应俄罗斯总统普京邀请,出席了在俄罗斯索契举行的第22届冬季奥运会的开幕式。这是中国领导人第一次出席在国外举行的大型赛事的开幕式,与此同时,欧美主要国家的领导人纷纷抵制了本届冬运会,这是为什么呢?

今天我们讲解体育与外交,希望通过今天这一讲能够解开这个谜团。今天的主题是,小球推动大球。主要讲三个方面的内容:一是有关外交的几个概念,二是政府外交中的体育运作,三是公共外交中的体育外交。

一、有关外交的几个概念

(一) 什么是外交

我们首先要回答什么是外交,其实这个问题有可能需要外交官用一辈子的时间来回答。从我们的角度上来讲,这节课,我们主要是学习外交的基本概念和理论。

有关外交的争论,主要有三个方面:第一,从形式上看,外交是有关国际谈判的艺术,谈判是外交的最根本的象征;第二,从功能上看,外交是以和平手段处理国与国之间的事务的一种活动;第三,外交是主权国家对外的一切行为。围绕这三个争论,我们再来看一看,究竟该怎样定义外交?这里给大家提供两个概念界定的文献来源。

《现代汉语词典》中,外交是一个国家在国际关系方面的活动。百度百科也引用了这一概念。为了讲这堂课,我专门到中国人民大学网站去浏览一下,人民大学开设了《外交的内涵与外延》这门课,这门课的主讲老师王星宇,他认为外交通常是主权国家,通过其官方代表,在遵守国际惯例的基础上,为维护自身的利益,采取约定俗成的和平方式,与其他主权国家或由主权国家组成的国际组织,所进行的正式的、官方的交往与沟通,以便有效的处理国家关系。这一个定义比较全面地概括了外交的内涵与外延。但我们同时发现,这一定义主要强调的是正式的外交,强调的是官方的交往,实际上我们今天要说的,公共外交是对于政府外交的一种延伸。采信哪个定义都没有关系,关键在于我们要提取其中的精华与要义。

(二)政府外交与公共外交

再来看第二组概念,政府外交和公共外交。从事外交的人都知道,外交如果按约定俗成的分类,它可以分成两种,一个叫小外交,一个叫大外交。小外交,就是我们狭义的外交,主要指的是政府外交,而大外交主要指的是公共外交。政府外交是国家硬实力的一种体现,而公共外交主要展示了国家的形象和国家的软实力。

我们再来看一看,政府外交的行为主体是什么?它的目的又是什么?政府外交的行为主体包括四个方面:第一,国家元首;第二,政府首脑,其中政府首脑可以扩展到政府的有关部门;第三,外交部部长;第四,外交机关。由这四方面的主体来代表国家行使外交权利。那么,公共外交的目的是什么呢?主要有三个目的:第一,确保领土和主权的完整;第二,争取国家利益;第三,积极从事国际交往,处理国际事务。

与政府外交相对应,公共外交是指一国政府发起的,通过媒体、非政府组织和个人等,与外国公众之间进行的信息沟通和文化交流。这里我们要注意,公共外交看起来有点像民间的,因为它的主体有非政府组织,还有个人,但它需要通过媒体来进行放大。这里还有一个潜在的角度,即这种外交一定是受政府支持的,或者由政府来主张的。最后的落脚点有两点:第一是信息沟通,第二是文化交流。信息沟通主要通过媒体来进行传递、扩散,那么文化交流可想而知,就能落实到我们所说的体育、文化、娱乐都是文化交流,而政治、军事、经济都属于政府外交的主要业务部门。

公共外交的行为主体主要是三个方面:第一是媒体,第二是非政府组织,像国际红十字会、世界环境保护组织,这些都是非政府组织。第三是个人,这里的个人,一般都是公众人物,也就是我们所说的名人或者政要。刚才我们说政府外交有三个目的,其实公共外交也有三个目的,第一个目的是提升本国的国际形象,第二要改善外国的公众对本国的态度,第三要进而倒逼外国的政府,采取对本国有利的政策或者决策,所以,公共外交非常重要。

那么,政府外交跟公共外交,他们之间的关系实际上是一种互补关系,以政府关系为主,公共外交为辅,公共外交对政府外交提供一种政治支援。我们来看一下,公共外交与政府外交之间的关系(见图7-1)。

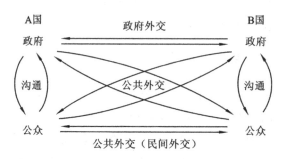

图 7-1　公共外交的范畴以及与政府外交的关系①

政府跟政府之间直接的往来,是实打实的,硬对硬的,都是政府之间的决策。那么,公众与公众之间的交流,这个又可以称为民间外交,但实际上公共外交的范围比民间外交要广,为什么呢?因为公共外交还包括一国的政府对另外一个国家的民众产生的间接影响,反过来说,一个国家的民众也可以对另一个国家的政府产生影响。还有一个我们要考量的要素就是,即使在同一个国家中,政府和公众之间的关系,也处在一种沟通的关系,那么这种沟通的状态,虽然不能叫作外交关系,但它是外交的前提和基础,这种关系实际上是一种国内的公共关系。

(三) 体育外交

我们再来看下一个概念,体育外交。其实,体育外交并不是一个严格意义上的学术概念,它是一个约定俗成的说法,但由于它用得很多,于是就成了一个耳熟能详的概念。

国务院前副总理、外交部前部长钱其琛(见图7-2)主编的《世界外交大辞典》一书中,对于体育外交是这么说的:所谓体育外交,是对一国体育部门或体育界旨在促进国家间关系所进行的体育交往和交流的提法。这本书认

---

① 人民网. http://world.people.com.cn/GB/14203342.html.

为体育外交是种提法,不过好在大家对于什么是外交都能明白,也没有太大的关系。

图 7-2　钱其琛①

从本质上来看,体育外交实际上就是一种文化交流活动,应该讲,它属于公共外交的范畴,但是,我们应该看到,在政府外交中,尤其是我们在职的政治家在出访过程中,以私人身份、私密场所参加的体育活动,很难说清楚,这究竟是政府外交的一部分,还是公共外交的一种体现。如果说,我们用体育跟对方政府签约,要达成某项目标,这个可以当作政府外交。但是,如果领导人通过这种外交期间的体育秀来展示魅力,它既可以说是政府外交,也可以说是公共外交。因此,我们可以说,体育外交在本质上是公共外交,但实际上有时候它也呈现出政府外交的特点。

二、政府外交中的体育运作——外交大戏里的黄金配角

前面第一个问题,算是我们对今天这节课,做一个理论上的铺垫,下面我们再来说这节课的重点。这个重点有两方面,一方面是政府外交中的体育运作,另一方面是公共外交中的体育外交。所谓运作就是运行、动作。我们再回到刚才所说的政府外交,实际上政治、经济,尤其是军事唱主角。那么,体育、娱乐、文化就是配角。我们可以说,在政府外交中的体育运作,实际上是外交大戏当中的黄金配角。下面我们从几个方面来看一看,体育如何作为政府外交的配角。

---

① 网易新闻. http://news.163.com/06/0315/15/2C91HFU20001124L.html.

（一）体育也能维护国家的领土与主权完整

这个问题，以前我们很少考虑到。很简单一个例子，就是中国恢复在国际奥委会大家庭中的合法权益这件事情，可以证实这个命题是成立的。我们知道，中国其实在1922年的时候，就是国际奥委会这个大家庭中的一员，国际奥委会是国际奥林匹克运动的领导机构。它是一个非营利性的，具有法律地位和永久继承权的法人单位。从世界品牌来讲，如果把世界品牌列一个五百强，国际奥委会可以列进世界五百强的前五十位，所以，它非常重要，非常知名。

在1949年前，我们国家曾经三次派人参加了奥林匹克运动会，而且还有三个人当选过国际奥委会的委员。1949年以后，我们首次参加奥运会是1952年赫尔辛基的奥运会，但紧接着发生的事情，使我们又离开了国际奥委会的大家庭，而就在这之后不久，由美国人布伦戴奇担任了国际奥委会的主席，结果他在国际奥委会的大家庭中，制造了两个"中国"，如此，我们就退出了1956年墨尔本的奥运会，本来中国人要实现奥运金牌零的突破，最有可能就是在澳大利亚的墨尔本的奥运会，但由于这个政治事件，我们就在1958年正式宣布退出。此后，我们组织了新兴国家的运动会，也参加了这样的运动会，紧接着国内的政治情况大家也知道，即进入了"文化大革命"，国家就处于一个闭关锁国不太正常的状态。

1975年的时候，中国处于"文化大革命"的尾期，政府提出我们要恢复在国际奥委会大家庭中的合法地位。但是，由于当时的国力有限，国际影响力也不够，这个事情的进展就不太顺利。真正有革命性变革的是1979年。我们知道1979年对中国来讲是一个很重要的年份，1979年10月25日，在日本的名古屋召开了一个会议，形成了一个决议，那就是国际奥委会准备接纳中华人民共和国作为国际奥委会的合法代表，而且同时中华人民共和国的国旗、国歌都正式进入奥运会的大家庭，作为标志发布使用。同时，改变了台湾作为奥委会大家庭成员的称呼，即中华台北奥委会。而且，它的徽、歌、旗都要做一些相应的改变。这个事情过去了一个月，也就是当年的11月26日，国际奥委会最后以通信投票的方式，正式确定中华人民共和国回到国际奥委会的大家庭。由此以后，就揭开了中国人在奥运史上的新篇章。

通过我国奥委会恢复在国际奥委会大家庭合法权益这个事情，我们可以得出三点启示:第一,如果没有政府外交和国际政治成果作为保障,我国奥委会要回到国际奥委会的大家庭不太容易。为什么呢?因为1979年1月1日是中美建交。正因为有这个建交的成果作为基础,后面才得以顺利。第二,这是"一国两制"思想在体育领域的一个具体的应用。这个"一国两制"就是在国际奥委会的大家庭中,"以我为主,我进台不出"。这个"我"是中华人民共和国,"台"即台湾。"以我为主"保证了权益,同时也给我国台湾地区在国际奥委会中留有它发展的空间。这种模式,就是后来我们说的皆大欢喜的奥运模式。第三,这种奥运模式为后来海峡两岸关系的发展,无论是政治还是经济,都提供了借鉴和范例。

(二) 全面参与国际体育活动能够确保和扩大国家利益

全面参与国际体育活动第二方面的内容,就是积极申办国际大赛,申办国际大赛比参加国际大赛的意义还要重大得多。大家知道,现在的国际大赛很多都有媒体全程的直播或录播。举办大型国际赛事能全面提升国家的综合实力,能改善举办城市的市容市貌,东道主运动员的成绩也会出现"井喷式"增长,当地居民的精神面貌也会焕然一新。

我们从东亚几个国家举办奥运会的历史就能看出。

第一个是1964年东京举行的奥运会(见图7-3),东京奥运会给世人最深

图7-3　1964年东京奥运会①

---

① 新华网. http://news.xinhuanet.com/world/2013_09/08/c_132702045_24.htm.

的印象就是日本从战败国的阴影中走了出来。因为从日本战败到东京举行奥运会,也就是二十年的时间。东京奥运会一开完,世人就对日本刮目相看。其中最细微的方面,就是每一次比赛结束以后,几乎所有的场馆都干干净净,因为日本人会把现场的垃圾、用品全都收拾干净。我们知道大型比赛本身就是狂欢节,狂欢的时候他容易唱啊、跳啊、吃啊、喝啊,容易产生垃圾,但是通过奥运会体现了日本国民的素质。

第二个是1988年汉城(现名首尔,下同)奥运会,也使我们感觉到韩国的形象跟以前大相径庭。在开奥运会之前,韩国相对比较封闭,国际舆论认为韩国是一个独裁的国家,经济也不发达,但是举办奥运会之后,就出现了一个新的名词,就是"汉江奇迹"。这一届奥运会留下了一个非常重要的遗产,倒不是体育竞赛的金牌与成绩,而是这一届奥运会从文化上来讲,留下的一首可以说是千古流芳的主题曲,那就是《手拉手》(见图7-4)。

图7-4　1988年在韩国首尔举行的奥运会上koreana组合演唱《手拉手》①

这首《手拉手》,其实开启了韩国人文化创意的先河,现在在中国很多城市都用这个"手拉手"作为店名,广州"手拉手"都是清一色的餐馆,湖北人开的连锁店。

而北京奥运会同样也给中国带来了巨大的变化。北京奥运会的理念是绿色奥运、科技奥运、人文奥运,实际上北京奥运最大的成果,就是开放。就像我们当初申办奥运时,我们提出的口号是"开放的中国看奥运",而北京奥运会的开放主要通过什么呢?对于媒体的开放,对于国际媒体的开放。在北京奥运会之前,外国人到中国采访是很困难的一件事情,每到一个地方都要

---

① 第一推网. http://diyitui.com/content-1471467902.51252351.html.

经过当地的外办批准,才能采访。这个情景跟今天的朝鲜有点相似,你到朝鲜去旅游都不能随便拍照片。而北京奥运会期间中国的开放程度,除了注册记者一万多人,有一个记者村可以接待以外,还有一万多人是非注册记者,北京市政府给这两万多名记者提供了同等的便利和同等的待遇。北京奥运会开完了以后,外国人在中国旅游,外国记者在中国采访,只要遵守中国的法律,然后遵守新闻从业者的规定,就可以自由行动!所以,这是一项很大程度的开放。就此,美国《洛杉矶时报》是这么说的,以"中国走向世界舞台"为标题,称北京奥运会的开幕式是中国的一个伟大时刻,是中国发展的一个巨大的里程碑。

国家领导人出席大型赛会的开幕式既是外交礼仪,同时,从本国的角度上讲,要符合本国的利益,那么,这个利益就体现在体育搭台、政经唱戏,政是政治,经是经济。下面我们讲几个经典案例。

经典案例1:索契冬奥会期间习近平的"点穴外交"

回到我们这节课开头作为引言的部分,我们提到习近平主席第一次代表中国政府去参加奥运会的开幕式,这一次外交活动,实际上媒体对他的概括叫作"点穴外交",因为他是单去单回,在43小时里,出席了12场双边和多边的活动。其实,习主席索契之行,最重要的活动主要是两项,第一是与普京会晤,第二是出席开幕式。那么,我们先来看一看,习近平与普京会晤的情形,新华社是如何报道的。新华社报道的标题用了一个完全复合题,所谓完全复合题是既有引题又有主题,还加上副题。引题是引出主题,主题是最重要的,那么,最重要的主题是什么呢?是"习近平会见俄罗斯总统普京",它怎么引出来的呢?"两国元首共同对于中俄关系发展做出战略规划",副题是对主题的补充说明,那么,这个副题说"习近平代表中国政府和中国人民祝索契冬奥会取得成功"。最重要的其实是会见,而这个会见当中最核心的内容,谈的并不是体育,而是谈的两个国家该如何发展双边关系,可见政治经济比体育要重要。

我们再来看一看,习主席在冬奥会的看台上,向中国代表团入场的队员们挥手的时候,那一刻其实就是一个大国崛起的象征(见图7-5)。

我们再来分析一下,习主席索契之行的意义,媒体很少分析,我们下面这些分析都是根据凤凰网上的一些政治评论文章而得出的一些基本看法。此行有四点意义:

图 7-5　习主席向索契冬奥会中国代表团挥手①

第一，符合奥林匹克运动的精神。奥运会的精神是和平、友谊、进步，这是一个凸显友谊的事情。

第二，作为回访，礼尚往来。

因为 2008 年北京奥运会的时候，8 月 8 日的开幕式，俄罗斯总统普京也坐在了看台上面，而恰好就是那天晚上，俄罗斯和格鲁吉亚爆发了武装冲突，按道理来讲奥运会期间有一个规则，从古代奥运到现代奥运，那就是为奥林匹克休战，这是国际通例，而两个国家既然要打起来，说明他们之前有摩擦，这个摩擦是忍无可忍，而在这个背景里，普京出访之前肯定是知道的。在他知道有摩擦的情况下，他还是把国内重要的国务放在一边，来出席北京奥运会的开幕式，表明对中国的尊重和对北京奥运会的支持。

第三，表明中国力挺俄罗斯。

俄罗斯近几年面临三个方面的困难。其一，2013 年的时候，在俄罗斯的伏尔加格勒这个城市爆发了恐怖爆炸事件，这为 2014 年的冬奥会的举行留下了阴影。其二，西方的媒体在这之前，对俄罗斯的人权、民主、国内的腐败以及同性恋等问题，提出了指责与批评。从苏联解体到今天，俄罗斯经历了四个时期，第一是叶利钦时期，第二是普京时期，第三是梅德韦杰夫和普京联合执政的梅普时期，第四又是普京重新当总统时期。在这四个时期中的叶利钦

---

① 新华网. http://news.xinhuanet.com/photo/2014-02/08c_126098095_2.html.

时期,因为俄罗斯放弃了名义上的社会主义意识形态,重新选择他们的道路,西方比较认同。到了普京执政时期,事实上出乎西方人的意料,普京并不认同西方的价值观,要走一条适合俄罗斯自己的发展道路,所以不被西方所兼容。第三个困难,就是过去几年俄罗斯和乌克兰为了边界问题发生了争执,乌克兰东部一些地区都纷纷要离开乌克兰重新回到俄罗斯的怀抱。而发生的最大的事情,就是冬奥会之前克里米亚要举行公投,实际上冬奥会开完以后不到一个月的时间,克里米亚就回到了俄罗斯的怀抱。到现在为止,俄罗斯一直遭遇着西方国家对它的强烈制裁。在这个背景下,习主席能够出席索契冬奥会开幕式,表明了一种姿态。而西方的领导人,他们可以派出运动队参加比赛,但他们本人不参加开幕式,相当于一个准制裁,或者是半制裁。

第四,对中俄"全面战略伙伴关系"是一个全新的最好的诠释。

中俄关系是一个非常特殊的关系,特殊性在三个方面:第一,政治上高度互信;第二,经济上相互依赖,对方都有自己的发展战略,在各自实现梦想的同时,都把对方作为本国战略的一个重要的支撑;第三,安全关系,中俄有很长的边界线,在我们的边界问题解决了以后,双方对世界和地区的安全问题有共同的看法,尤其是对于我们周边的日本,我们有自己的看法。比如,习近平赴俄罗斯其实还取得了一项成果,那就是商定在2015年共同举办纪念世界反法西斯战争以及中国人民的抗日战争胜利70周年。

经典案例2:以美国为首的西方国家抵制莫斯科奥运会

在夏季奥运会的历史上,美国和苏联就出现过相互抵制的情形。一个是1980年莫斯科奥运会,以美国为首的国际阵营,坚决抵制莫斯科奥运会,理由就是苏联出兵侵略阿富汗。而当时在国际奥委会的147位国际奥委会的成员中,有66个成员和10多个国际阵营组织没有参加莫斯科奥运会,其中就包括中国、以色列和沙特阿拉伯。你可能会感到意外,中国怎么不参加呢?因为1979年时,中苏关系已经很微妙了,而中美正式建交,中、美、苏三国处于一个微妙时期。

经典案例3:以苏联为首的国际阵营抵制洛杉矶奥运会

1984年美国洛杉矶奥运会的时候,以苏联为首的国际阵营组织,有16个国家集体抵制了洛杉矶奥运会。理由很简单,即他们认为洛杉矶对于运动员和官员的人身安全不能提供保障。实际上这些抵制与反抵制,从国际关系和国际外交的角度上说,使我们想起了英国前首相丘吉尔的一句名言:"我们没有永恒的朋友,也没有永恒的敌人,只有永恒的利益"。丘吉尔说这个话的时候,因为在二战之前,美苏之所以对抗,主要是因为意识形态不同,社会主义跟资本主义互不相容。英国坚决站在美国一方,当德国军队进军苏联的时候,丘吉尔在电台里向英国人民说:"从意识形态上说,我是坚决反对社会主义,但是,从反法西斯战争这个角度上来说,我要坚决地站在苏联的一边",所以通过抵制和反抵制可以看出,在国际关系方面,国家利益至上。

(三)开展政府间的体育合作,是对国际体育事务的重要贡献

1949年以来,我们国家其实派了大量的体育专家援外,支援亚非拉,亚非拉地区当时都是比较落后的地区,我国支持这些地区的体育事业的发展,从田径、球类、游泳无所不包,当然武术更是题中应有之义。而近几年,体育合作出现了一个专有名词,叫作"养狼计划"。我们知道狼来了、狼来了,就是要给我们自己一些危机感,这个计划实际上是中国乒乓球队率先提出来的。2009年国家体育总局副局长蔡振华兼任中国乒协主席。他就深刻地感受到如果不进行改革的话,乒乓球将没有出路。为什么呢?因为2008年北京奥运会,中国人把四个乒乓球项目的金牌全部收入囊中,在随后的世界锦标赛当中,又把乒乓球比赛的冠军都收回来了,这样一来没人跟你玩了,你一个人玩,它就变成一个中国的运动项目,就不是世界运动项目。国际乒协主席莎拉拉非常着急,采取了很多措施,如小球改大球,改变球的质量,还有胶皮,等等。实际上所有的改革都是给中国的乒乓球队员增加难度,即使在这个背景下,由于中国实行举国体制,再加上中国人都特别聪明,所以中国乒乓球还是无往而不胜,所以我们自己就得有忧患意识,有那种壮士断腕的精神,要"走出去,请进来"。走出去,就是把国内的优秀教练派到国外去执教;请进来,把国外优秀的乒乓球运动员请到中国来打联赛,来学习经验,来知道我们的底细,再参加奥运会来打败我们。但实际上非常难,有一项成果是什么呢?就是今年刚刚完成的苏州世界乒乓球锦标赛在混合双打方面,中国的许昕和韩国的梁夏银混双组合拿到了冠军,这是个可喜的现象。

其实这个"养狼计划",在举重界先行了一步。

有个举重女孩叫祖尔菲亚(见图7-6),哈萨克斯坦的运动员,实际上她是一个中国人,她的名字叫赵常玲。2007年她作为交换生经湖南省举重中心上报国家体育总局举重中心同意,派到了哈萨克斯坦五年,代表哈国参加各种举重大赛。五年之后再回来,按交换协议这五年,她如果取得什么样的成绩,

图 7-6　2012 年伦敦奥运会祖尔菲亚举重夺冠①

哈萨克斯坦要给湖南提供效益，同时要确保这些交换过去的运动员的权益。但是，没有想到的是，这个在国内她甚至连国家队都进不去的小女孩，到了哈萨克斯坦，在 2012 年伦敦奥运会上一鸣惊人，拿下了 53 公斤级女子举重的冠军。要知道，当时湖北有一个代表国家参赛的运动员叫周俊，也是 53 公斤级，在试举的时候连续三次都没有举起来。最后，就我们是不是应该把这种优秀的运动员派出去的问题引发了很大争论，对此，我的看法是，第一，所有出去的人，不管他是哪个国籍，都是华夏儿女，都不容易，所以，我们从她的眼泪中看出的是非常复杂的情感；第二方面，我们要从程序上，把政府间的体育合作更加完善，做到合法化。

三、公共外交中的体育外交——"内心强大，身段柔软"的最佳主角

刚才我们说了政府外交中的体育运作，我们再来看一看公共外交中的体育外交，也从三个方面来看。在公共外交活动中，体育外交是当之无愧的"内心强大，身段柔软"的主角，即柔里有刚。

看一看习近平同志当选国家主席以来，他的重要出访活动中，只要带着夫人彭丽媛，两个人穿的衣服一定是以情侣衫的形式出现，这就是我们讲的政府外交和公共外交的相得益彰。如此，在中国这个大国强硬形象的背后，就增加了一些柔性的、软化的色彩。

---

① 搜狐体育. http://sports.sohu.com/20121024/n355577723.shtml.

公共外交的目的，前面我们说了主要是三点，第一提升国家的形象，第二能够改善外国的公众对本国的态度，第三要倒逼外国的政府改变对中国的国策。那么，我们沿着这样一个思路来谈一谈，公共外交中的体育外交该如何进行。

（一）公众人物最能提升本国的国际形象

1. 体育名人的公共外交形象

公众人物最能提升本国的国际形象。这里我主要列两种公众人物，第一体育名人，第二名人体育。先来看一看体育名人，体育名人作为公共外交的大使，我们可以信手拈来，在中国最能代表中国形象的公共外交大使，肯定是姚明。姚明，篮球运动员，NBA球星，那么，应当从哪些方面来看姚明的代表性呢？

从球迷的角度来看，姚明实际上就是NBA全球化的大使、桥梁、标识、品牌。从政要的角度来看，姚明是文化交流的特殊窗口和桥梁。2002年，时任国家领导人江泽民访美的时候就去了德克萨斯，到了小布什的庄园里，与布什一家进行会面，环境非常宽松，当时姚明就作为公共外交的大使出现在这个场合里。老布什对姚明赞不绝口，由衷地感叹说："姚明是中美文化交流里，中国对美国的最大出口。"可见姚明在当地的影响力大到一种什么样的程度。美国有一个地方建立了一个国际名人园，弄了十几座历史名人的雕像，都是历史上的伟大人物，中国就是孔子，但是雕塑家给孔子的雕像雕了两米多高，将近2.20 m，后来就引起了美国舆论的注意，他们认为，第一，中国人没有这么高；第二，在这个雕像园里，他比西方的那些名人都要高。后来有人就说，不能说中国人没有那么高，你看看姚明，姚明二米二六。那么，从历史的记载来讲，孔子也是一个很伟岸的男子汉，所以，孔子最后的雕像就定格在了二米二左右。

这就是姚明，对于这个事情，给了美国人一个强烈的印象，中国人从来都是这么高大上。从民众的角度来看，姚明是一个彬彬有礼、乐善好施的好人。因为姚明挣了很多钱，但姚明做了很多的慈善。实际上，在国际上，像姚明，或者是姚明们，他们作为公共外交大使的比比皆是。

英国的贝克汉姆，贝克汉姆帅哥到现在为止，依旧活跃在世界文化交流的舞台上，你要说贝克汉姆的球踢得好不好，肯定是可以的，但是，贝克汉姆有他的短板，他短板在什么地方？贝克汉姆跟高俅有得一比，当然比起高俅，他是现代的又没有可比性。他俩就是有一脚,高俅能够踢一脚"气球(蹴鞠)",贝克汉姆最大的本事能够传一脚"香蕉球"做任意球,往往在右边路,在中场的右边一脚任意球传到禁区,他的队友们就能够抢点破门,所以,"香蕉球"是贝克汉姆技术的化身。

另外,就是美国退役的华裔花滑运动员关颖珊。关颖珊和姚明同年的,都是1980年生的人,关颖珊也是成绩斐然。在她的职业生涯中,一共取得了五次世锦赛的金牌,两次参加冬奥会,只可惜没有拿到奥运冠军。退役后的关颖珊,26岁成为美国公共外交形象大使,由当时的国务卿亲自来颁发聘书,实际上她由一个运动员成功转型成了一个外交大使。现在又变成了一个政治人物,因为今年得到的最新消息,她加入了美国民主党总统候选人希拉里的竞选团队,那么她如果辅助希拉里竞选的话,她有三个方面的优势:第一,她是女性,知名女性;第二,她是亚裔;第三,她出生于工薪阶层,因为工薪阶层比中产阶级阶层人数还要更大一些。那么,从工薪阶层这个角度上来讲,关颖珊和贝克汉姆都是一样的,父母都是很普通的人。

刚才我们举了三个公共外交大使的形象,不过呢,最近我们看到的有关姚明的消息,姚明参加公共活动,参加这一届冬奥会的活动,我们看到姚明的身材已经开始发福了,这实际上就跟我们提了一个醒,姚明不能发胖,为什么呢?对于一个公众人物,对于一个公共外交的大使形象来说,发胖带来两个问题,第一,肥胖跟健康是背道而驰的;第二个,公共外交大使,一般就形象来说男的俊朗、女的靓丽会有更大的吸引力。我们讲贝克汉姆是万人迷,就是贝克汉姆不变的身材,从这个意义上讲,姚明作为我们的青年偶像,要带头减肥。

2. 政要人物体育秀是最好的公共外交

刚才看到的是体育名人充当大使,我们再来看一看,政要人物体育秀,也是最好的公共外交方式。

政要人物他的体育外交主要有两种方法,第一是降低高度,第二是增加宽度。所谓降低高度,就是通过体育秀将政要人物变成普通人,因为在世人的心目中,政治家总是高高在上的,政治家如果从事体育或者以体育作为话题,就很容易增强亲和力,会使观众、老百姓、民众认为他就是一个普通人。美国有一本很有名的书,叫作《宣传的艺术》,在这本书中,它把宣传的艺术一共列出了七种,其中第五种就叫平民法。平民法就是指政治人物如何在很多场所把自己变得像普通人一样,其实这需要设计,但是看起来又不经意。比如,领导人经常下乡,下雨的时候自己打伞,那么,跟下乡能够取得一样效果的就是打球,就是谈论体育,这就是我们讲的降低高度。

经典案例:温家宝出访期间晨练

这里面,前总理温家宝,他既是一个政治家又是外交家,他更是一个运动家,退休以后,你看看他经常到中学里面义务讲课,讲什么课呢?两种课,第一是地质与地理,第二是体育课、篮球课,所以,他的篮球打得很好。但其实,温家宝不单是篮球打得好,羽毛球、棒球、游泳都很好,太极拳就更不用说了。2010年他到韩国访问的时候,有一天早晨起来,他沿汉江跑步,在公园里,他看到了有一群人打羽毛球,便主动走上前说:"你们愿意和我一起打一打吗?"随后,他表演了秀羽毛球的球技,让那些年轻人啧啧称赞(见图7-7)。

图7-7　温家宝访韩打羽毛球①

同年,他到日本访问时,早晨起来也是散步,最后看到公园里也是有一群老人在打太极拳,我们知道太极拳起源于中国,温家宝情不自禁地加入到这个团队里,最后还成了一个像领操员一样的太极教练(见图7-8)。

这样一来,就改变了日本民众对于中国政要的看法,就是说,中国领导人并不像我们经常在新闻联播里看到的那种很刻板的、严肃的形象,也有亲和的一面。更不简单的是,他到一所中学去访问时,看到人家在上棒球课,便戴上了棒球手套,也跟日本的年轻人打起了棒球(见图7-9)。

---

① 新京报微头条. http://www.wtoutiao.com.

图 7-8　温家宝访日打太极①

图 7-9　温家宝与日本上智大学球队切磋球技②

要知道,棒球可是日本的国球,在中国,棒球、垒球并不普及,当然国家女子垒球队的成绩很好,那是拜韩国人所赐,作为一个大国的总理,在日本打日本的国球,可以说,这令日本的青年非常意外。

再看看如何增加宽度?增加宽度就是通过体育秀,增加政治人物的个人魅力,有利于形象营销。今天这个时代,已经进入了政治家形象营销的时代,政府外交和政治家的个人形象紧密相关。西方有一个社会学家马克斯·韦

---

①　网易新闻. http://news.163.com/10/0604/13/68BAPL18066146BD.html.
②　中评网. http://www.crntt.com/crn-webapp/doc/docDetailCreate.jsp?coluid=93&kindid=2779&docid=101339200.

伯写了一本书《社会与经济》(见图 7-10)。

图 7-10 《经济与社会》①

在这本书里,他就提出了三种统治,一个是传统型的统治,二是法理型的统治,三是魅力型统治。政治家都要靠统治来维护政权,但是哪一种统治最容易赢得民心呢？那就是魅力型统治,我们讲魅力四射就是指这种类型。那么,我们国家现在的领导人,都有这种魅力,其中习主席是这方面的典范。

跟温家宝一样,习近平在体育方面也算是"十项全能",他谈得最多的是足球,篮球他也会,拳击、游泳等他都会,这是通过媒体报道以及他自己谈论,我们才得知的。不过在媒体面前,在外交活动中,习主席所展示得最多的还是足球,国际媒体有一个说法,就认为习近平是国际舞台上的足球先生,我们随便举几个例子。

2011年他在接待韩国的媒体和韩国的朋友时,韩国人送了一个朴智星签名的足球给他,在那个活动中,习主席提出了中国人关于足球的三个梦想,即"参加世界杯、举办世界杯、获得世界杯冠军"。2012年习主席访问美国,访问洛杉矶,他本来想看一场洛杉矶快船队的比赛,结果恰好那时,只有湖人的比赛,没有快船的比赛,表明他是个性情中人,他就喜欢快船,所以他看到了那天的比赛,实际上是湖人打太阳。当时人家就送了他两件球衣,一件是贝克汉姆的球衣,一件是科比的球衣,后来他对贝克汉姆说"我是你的粉丝",这样

---

① 百度百科. http://baike.baidu.com/view/11479329.html.

就非常平易近人。从美国访问完之后,紧接着去爱尔兰,他又谈论足球,还尝试了一下爱尔兰当地的足球,叫盖尔足球。2013年他在墨西哥国会发表演讲时,也提到了墨西哥的足球很厉害,希望能促进中墨之间的足球交流。2014年他访问德国的时候,德国的拜尔公司送了他一件球衣,10号球衣。他访问阿根廷时,阿根廷送了他两件球衣都是10号,一件是博卡青年队10号球衣,马拉多纳当年所穿的,另一件是梅西的球衣。

大家知道习主席很喜欢足球,是因为足球是团队运动,他就是要把这种团队精神移植到国民的性格中。另外,10号队员本身处在中场,他是前场和后场的连接点,因为贝利最早穿的10号,贝利成名之后,马拉多纳的10号就使人觉得10号是真正的核心。那么,今天的10号就更不用说了,这样一来,甚至国外有些国家送给他的,篮球球衣当中也有10号球衣,其实我们知道10号的篮球球衣并不是最厉害的,但起码能够给人一种印象,习近平就是中国这一个大的球队里的10号。

(二)通过体育外交,改善外国公众对本国态度

刚才我们说的公众人物可以提升本国的国际形象,我们再来看一看公共外交中体育外交的第二种方式,通过体育外交改善外国公众对本国的态度和看法。我们知道,体育属于文化的范畴,体育跨越意识形态。体育往前进一步是身体的游戏,身体的对抗,往后退一步,它是政府与民众大家共同的一个宽阔地带。所以,当两国的关系处于紧张状态,或者说,当两个国家没有建立外交关系的时候,最好的桥头堡,最好的先锋队,就是派出体育运动员或者体育啦啦队,在这个方面,韩国人和朝鲜人之间的体育交流堪称范本。

经典案例:朝韩体育外交的几种模式

回看过去十几年的历史,朝韩之间的体育交流、体育外交主要有四种模式。

1. 大型赛会开幕式,共同组队出场

先来看一看第一种模式,就是大型赛事开幕式共同组队出场。从2000年悉尼奥运会开始,到后来的2004年雅典奥运会、2005年东亚运动会、2006年多哈亚运会,这几次大型的赛会,朝韩都联合组队来参加了开幕式,共同入场,共同举起的是半岛旗,旗帜上有朝鲜半岛的形状。另外穿套装,打出了国号高丽亚那,用朝鲜民族著名的民歌《阿里郎》作为替代的国歌,给世人留下了非常深刻的印象。

2. 选派德貌双全女孩组成啦啦队赴韩加油助威

朝韩之间，体育外交的第二种方式，就是朝鲜多次派遣美少女组成的体育啦啦队开赴韩国，开展体育外交。朝鲜这个美女啦啦队可以说是国际赛场上的一道亮丽的风景线（见图7-11）。

图 7-11　朝鲜啦啦队在加油助威①

表 7-1　朝鲜官方啦啦队赴韩加油助威全记录

次序	年度	赛事名称	啦啦队人数	备注
1	2002	釜山亚运会	288	
2	2003	大邱世界大学生夏季运动会	303	
3	2005	仁川亚洲田径锦标赛	124	队长李雪主
4	2014	仁川亚运会	300	大学生与演员各半

据统计（见表7-1），在过去的十几年中，一共有四次派出，第一次2002年朝鲜派出了288名少女啦啦队参加了釜山亚运会，为朝鲜加油助威。2003年又派出了303名美少女啦啦队到韩国的大邱，参加了世界大学生夏季运动会，作为加油助威队伍。第三次2005年仁川亚洲田径锦标赛期间，朝鲜派出了124名美少女啦啦队，当时的队长叫李雪主，就是现在的第一夫人。2014年朝鲜派出了300名美少女啦啦队，其中有150名大学生，150名演艺明星，参加了仁川亚运会，那是世界无敌啊！那么，我们再来看一看，这个啦啦队可是不简单的事情，迄今为止，恐怕最著名的啦啦队队员就是这个李雪主了（见图7-12）。

---

① 中国新闻网．http：//www.chinanews.com/gj/2014/07-07/6358846.shtml．

图 7-12　啦啦队队员李雪主①

很多人还记得李雪主当年在赛场上为朝鲜加油的情形,7 年之后,她从啦啦队队长摇身一变成为朝鲜的第一夫人,所以若想在政治上有作为,能够成为公共外交的形象大使,女生也不妨从啦啦队队员做起。

3. 联合组队参加国际大赛

朝韩体育外交第三种方式,那就是联合组队参加比赛。还真是搞成了一次,那就是 1991 年世乒赛期间,朝韩联队战胜了中国队,获得了女子团体的冠军。

颁奖时刻,朝韩队队员像亲姐妹一样在交流(见图 7-13),而已是世界上顶呱呱运动员的中国队队员王楠,当时非常落寞(见图 7-14)。但我觉得把所有的冠军拿回来,还不如输一次给世人的印象更为深刻。

图 7-13　朝韩队队员亲密交流②

图 7-14　中国队队员在颁奖仪式上③

---

① 铁血社区. http://pic.tiexue.net/bbs_6001380_3.html.
② 云南信息报. http://www.ynxxb.com/content/2011-11/22/N96636684893.
③ 搜狐体育. http://sports.Sohu.com/85/50/sports_news/65065085.shtml.

4. 首度派出高官赴韩观礼

朝韩体育外交的第四种方式，那就是朝鲜派遣高官到韩国访问。2014年仁川亚运会期间，朝鲜就派出了他们国家的"第二号人物"黄炳誓、"第三号人物"崔龙海到韩国参加亚运会的闭幕式。而韩国方面派出接待的官员是统一部的部长，这看起来的公共外交，实际上就是政府外交。只是没有讨论政治经济问题，但规格摆在那里。现在我们分析一下，朝韩体育外交的意义。

我们先要看一看朝韩双边关系理想的模式是什么？从国家外交来讲，它们现在没有国家外交的关系，那么两个国家要建立正常国家间外交关系的话，得有这样的一个模式：第一接触，第二和解，第三合作，第四统一。但是，现实却非常残酷，两个国家之间，现实的情形就是接触，反弹；再接触，再反弹。所以，叫人摸不着头脑。

从过去的十几年来看，朝韩关系最好的时期，实际上是两个时期。第一个是金大中执政时期，2000年，韩国总统金大中访问朝鲜与朝鲜最高领导人金正日举行会谈。双方共同签署了《南北共同宣言》，当时我们叫作韩国对朝鲜的"阳光政策"。2007年，时任总统卢武铉又再一次地访问了朝鲜，跟金正日又见面了，又签了一个新的宣言叫作《北南关系发展与和平繁荣宣言》，那么这两个年份，这两个阶段是好的。

但是，从2006年到2013年这7年间，朝韩之间的关系降到了冰点，而且这个冰层的厚度一天天地加深，原因就在于这7年中，发生了五件大事，哪五件大事呢？三次核试验，两次炮击事件。三次核试验分别发生的时间为2006年、2009年、2013年，那么两次炮击时间都在2010年。一次炮击就是朝鲜把韩国的天安舰给击沉了，46名韩国的海军战士葬身海底。另外一个事情就是延坪岛炮击事件，所以两次炮击事件，三次核试验，二三得六，刚好，这六是什么呢？在这七年时间国际社会奔走斡旋，我们就形成了一个关于朝鲜核问题的"六方会谈"，关于"六方会谈"，我们来看图7-15。

这"六方会谈"，六个国家，实际上就围绕"朝鲜半岛无核化""朝韩国家关系正常化"这两大命题展开。那么，六个国家分成两个阵营，一个是中国、朝鲜、俄罗斯这三个国家，我们讲都在东北亚，而且都跟朝鲜有亲缘关系；另外三个就是美国、韩国和日本，因为他们是军事同盟，那么这个朝韩会谈谈了六次，后来基本上就谈不拢，到现在都不了了之。

可以说，体育外交在朝韩关系接触与反弹不断的变故中，扮演了一个重

图 7-15　六方会谈①

要的角色,那么这个角色就是什么呢?就是民间交往强化了朝鲜和韩国民众之间的共同认识。我们是同根、同种、同文,我们是一家人,不管双方的政府如何的敌对,我们的民间共识一定要达成。因为流淌着相同的血液,正因为这样,朝韩的关系还没有走到崩溃的边缘。那么现在,问题的症结就在于朝鲜方面缺乏国家自信,因为它搞的是先兵政治,全民皆兵,就造成了民生困难。而对于韩国来讲,韩美军事同盟,美国驻扎在朝鲜,经常要搞演习,所以谁也说服不了谁,还不像中国大陆和台湾之间海峡两岸的关系,毕竟有一个主导和被主导,但朝韩这里没有,在这种背景下,在它们本来就没有国际外交的关系下,两国的政治关系非常脆弱,而能够维系的体育和文化倒是一个比较好的途径。

(三) 通过体育外交,倒逼政府改变决策

我们再来看一看体育外交作为公共外交的第三种方式,那就是体育外交可以倒逼政府,改革它的政策或者决策。因为体育外交可以作为政府外交的先头部队,对相对应的国家,采取舆论的试探,影响这个国家的公众,通过公众的态度,来倒逼这个国家的政府,采取一种有利于本国的决策,这就是它的基本精髓,这方面最典型的、最成功的例子,就是中美之间的乒乓外交。

经典案例:中美乒乓外交促进中美建交

那么什么是乒乓外交呢?乒乓外交就是发生在 1971 年、1972 年中美两国之间乒乓球队之间的访问与回访的一系列事件,那么,这些事件促进了中

---

① 胶东在线. http://www.jiaodong.net/zonghe/system/2016/01/22/013058160.shtml.

美两国国家关系的正常化,也进一步地促进了中国走向世界的进程。下面我们从三个方面来具体、详细地分析一下乒乓外交。

(1)历史背景。

首先我们回顾一下乒乓外交的历史情景。乒乓外交发生之前,中国正处于"文化大革命"中期,国家非常困难,很多方面都停滞了,但是,在这个困难时期,有一个值得说道的东西,那就是我们的军事得到了很好的发展,我们成功地实验了"两弹一星",原子弹、氢弹爆炸成功,人造地球卫星成功上天,而反观美国,虽然是世界头号强国,但是在20世纪70年代由于美国陷入了越战的泥潭,加上苏联崛起,美苏之间这种对抗的天平,向苏联倾斜,在这个背景下,美国需要寻找新的力量来对抗苏联。所以,就像丘吉尔说的,"没有永远的敌人,只有永远的利益",这样一来他们想到了中国。但中国当时又闭关自守,美国又不知如何跟中国打交道,就在这个背景下,1971年世界乒乓球锦标赛在日本举行。

赛事的组委会和国际乒联都诚心诚意邀请中国参加,中国去不去很犹豫,那个时候国内都没有什么体育比赛,尤其这种国际大赛就更没有,要参加比赛,就得上报到国务院经过总理批准,所以,周恩来总理思索再三,决定还是去。认为如果我们这个时候不去,以后再回到国际大家庭就更难了,所以决定去,但如果要去,第一要打好比赛,第二要做好国际公共关系,就像我们中国讲的"友谊第一,比赛第二"。

这是我们讲的基本背景。那么,在1971年3月21日,这是一个春暖花开的日子,中国乒乓球队开赴日本,结果几天过去了,中国男子乒乓球队就获得了团体冠军,赢得世人侧目,在这个时候,一系列的、真正的跟乒乓外交相关的事件就接二连三地发生了。

(2)事件经过。

下面我们就说说事件的经过,这个事件的经过主要有三个时段。第一个时段,就是1971年的4月2日到4月7日,这六天时间,发生了一系列的、像电影蒙太奇一样的大小事件。

4月2日赛事组委会邀请运动员参加了一个海岛游,在海岛游的时候,美国运动员就主动跟中国运动员打招呼,"你们打得很好,如果有机会我们切磋一下"。

4月3日,国内,我们把镜头再闪回外交部、国家体委联合行文,干什么呢?关于不邀请美国乒乓代表团访华的请示,这个文件呈送给周恩来总理,周总理一看这个事件很大,但他原则上同意暂不邀请,于是就把这个文件又进一步送给毛主席。

4月4日,我们的镜头闪回到日本,美国运动员科恩训练得太投入,所有人都走了,结果他出来时发现,接送美国运动员的大巴开走了,他一头就走进了中国运动员的大巴,结果一看不对,这是中国人坐的,这个时候非常机灵的乒乓球运动员庄则栋主动上前和科恩打招呼、寒暄,并且拿出了一个礼品,事先准备好的礼品,那就是杭州织锦,上面的图案是黄山的图案。科恩一看中国运动员给他一个礼品,于是赶紧翻自己的包包,翻了半天,翻出来乒乓球拍、乒乓球,很显然,这个大家都有就不大适合送人,结果就掏出了一把梳子,虽然科恩是个男士,但他的头发很长,经常梳一梳头发,结果他开了个玩笑,他说:"我总不能把这把梳子送给你吧?"结果,他就下了车。

4月5日。我们很难说清楚,这个科恩究竟有没有美国政府的巧妙安排。我们知道,公共外交一定要政府支持,中国的乒乓球队队员所有的行动,政府都是要进行培训的,美国有没有进行培训我们不清楚。但是,到了4月5日,这一天,科恩在中国运动员要进场去训练的路上,在那个停车的地点,又一次找到了庄则栋,送了一件纪念T恤给庄则栋,而他们两人之间的一来一往这些回合,早就引起了国际媒体的关注,有媒体记者就问这个科恩"你是否愿意到中国去访问",科恩说:"凡是我没有去过的国家我都想去,包括中国,包括阿根廷,我都想去。"那这样一来,国际的媒体又把这个信息给发布出去。媒体又问庄则栋,中国是否欢迎国外的媒体,国外的运动员?庄则栋说,中国欢迎。因为这之前中国已经跟加拿大等国家的运动员说,欢迎你们到中国去访问。

4月6日。镜头再闪回到北京中南海,毛主席的家中。毛主席晚上在家里看参考消息,就读到了科恩和庄则栋交往的故事,毛主席伸出了大拇指,说:"这一个庄则栋,人长得帅,球打得好,脑子还灵活哩!不但会打球,还会外交,我看不错。"赶紧喊来了秘书,干什么呢?原来在6日的白天,毛主席签发了一个文件,那就是周总理送上来的关于暂不邀请美国乒乓球代表团访华的这样的一个请示,毛主席说:"不但要邀请,要赶紧邀请,再不邀请就来不及了。"这样一来,很快就办了,国际上办事很快的。

4月7日。镜头闪回到美国的总统府,美国总统尼克松接到了美国外交部的密电。我们叫外交部,他们叫国务院。中国邀请美国代表队访华,我们是否成行?总统是否同意?尼克松说赶紧办,同意。所以,这样一来,这六天的时间,取得的国际交往的成效非常高。

我们再看,这一个事件的第二个时间段,那就是4月10日到17日,在这八天时间里,乒乓外交就正式成行。美国代表团官员、运动员和记者几十人就来到了北京,在北京和上海分别举行了比赛,进行了一系列的交流活动。

第三个时间段,就是1972年4月11日,相当于时隔一年多一天,中国乒乓球代表团,以庄则栋为团长,浩浩荡荡地开赴美国,对美国进行乒乓球的回访,也是乒乓外交,所以,这就是这一事件的全过程。

(3)事件影响。

我们再来看看第三方面,这个事件究竟有多大?这个影响就直接改变了国策。1971年7月9日美国国务卿基辛格秘密访华,和周恩来、毛主席会见,提前商讨了尼克松正式访华的一系列细节。1972年2月21日,美国总统尼克松正式访问中国,就标志着中美关系正常化的开端。虽然当时还没有正式建立外交关系,但是表明两个国家正常地、真正地建立外交关系是1978年年底,最后1979年的1月1日就是正式启动。这就是我们讲乒乓外交的背景、过程和影响。

正因为乒乓外交给中美关系,给全世界的政治格局带来了极大的影响,所以后来的媒体就把"乒乓外交"这段历史称之为"小球推动大球",小球指的是乒乓球,大球指的是东西半球,指的是美国和中国,指的是地球。

在美国的电影《阿甘正传》里,就有这样一段情节,实际上就是复现了乒乓外交的情形,可见乒乓外交在美国的民众心目中,有何等重要的影响。由于中美乒乓外交促进了中美建交,这个影响太大了。实际上,还有一种体育外交促成了两个国家的建交,即中国和韩国的运动会外交。

1986年,中国应韩国邀请参加了汉城(现名首尔,下同)亚运会;1988年,中国应韩国邀请参加了汉城奥运会;1990年,韩国应中国邀请参加了北京亚运会。那么,实际上,这三次大的运动会之前,这两个国家都没有建立外交关系,正是因为这三次大的运动会之间,运动员和政府之间的交流与合作,促进了中国和韩国两个国家在1992年正式建立外交关系,直到今天中韩间的关系越来越好,所以体育立了功。

通过上述三个方面,关于公共外交中的体育外交,我们可以得出这样的一个结论,那就是体育在政府外交活动中,它所扮演的角色问题,那就是外交大戏中的黄金配角。正像中国籍的国际奥委会副主席于再清在南开大学做的演讲中所说的,在这里我们把他的演讲节选两段话,能够概括体育作为公共外交跟国家利益跟政治的关系。他是这么说的,"体育为党和国家外交斗争服务,我们体育发挥了开路先锋作用,在外交方面,我们不是主力部队,主力部队应该是外交部,但我们经常是有影响的先头部队";"体育本身不是政治,但一旦有了需要,体育必须服务、服从于政治,到了需要的时候,各个国家必须做出政治和外交上的选择。"

四、小结

这次课我们从相关概念入手,重点分析政府外交中的体育运作和公共外交中的体育外交,但我们必须明白,外交就是政治,因为外交牵涉国家利益;但是,外交又不是国际政治,因为国际政治在国际关系中是一种客观存在,而外交是一个国家的行为。但一个国家对于国际的现状和趋势做出自己的反应时,就是当一国政府针对国际政治和趋势做出的反应,那就是外交了。体育也不例外。通过讲座,我们发现,体育既是政治的道具,也是外交的工具。体育能够促进人类文明和社会进步,我们千万不能小看体育。

今天的讲课到此结束,谢谢大家!

(刘湲湲转录,任环校对)

体育与游戏

狂欢的体育与我们的解读

世界杯刚刚过去,我来跟大家聊聊体育。感谢省图书馆给我提供了这么好的一个机会。

一、什么是体育？体育是一种游戏性的身体竞赛

人跟动物有相关性,也有区别。我们说,从哲学上讲,动物的活动叫生命活动,人类的活动叫生活活动。哲学家、生物学家在研究生命活动的时候说,动物的活动就两个字:第一是"食",第二是"色"。食者,即动物要维持它基本的生存,动物一天到晚要找吃的。色不是爱情,它要传宗接代,要维系这个种族。

但是,我们的生物学家、我们的哲学家还忽视了动物的另外一种存在方式,即以游戏的方式而存在的。动物也有社会组织,也有游戏有打闹。

我是学新闻、教新闻的,但我很少看《新闻联播》与《新闻30分》,那我最喜欢什么节目呢？纪录片,尤其是《动物世界》！因为它无比地真实,一群狮子捕猎,谁先吃捕获的猎物呢？雄狮先吃,但群狮在捕猎时,雄狮连一根毛都没见！这些事情都特别有意思,母狮带领小狮通过游戏来教会它技能。小女孩为什么喜欢玩具,广东话叫"公仔",学术性的语言叫"玩具",为什么呢？西方有美学家说:"小女孩玩布娃娃是为了练习做母亲。"我看有一定道理。

那么,人跟动物之间的联系除了DNA之间有关联,跟猴子有相关性,还有一种相关性就是游戏。但是动物的游戏和人的游戏是不一样的,动物的游戏是出于一种本能,而人的游戏是一种主动的选择。游戏跟每一个人都是相关的,而且游戏用得好可以激发人的潜能和智慧,我们说知识不能改变命运,但智慧可以改变命运。

人一辈子都在游戏,在座的各位会发现自己的孩子、孙子特别喜欢玩游戏,最好的游戏本应是在户外玩的游戏。但今天不是了,互联网发达了以后,今天的游戏都变成了电脑游戏,那么,从电脑游戏上讲,今天最大的产业之一,就是我们讲的电脑游戏。有很多的IT人员、高科技人员在开发游戏。

暑假我刚刚去了一趟深圳,这里做个小广告:武汉体院新闻传播学院即将要冠名成"武汉体育学院华视传媒学院"。华视传媒集团的老总是武汉体育学院77级的一个校友,打篮球出身的,叫李利民。他过去的9年做了一件事情,就是在中国的14个地铁城市、80多个公交城市做移动电视。那么未来的9年,他要做的一件事情,就是跟华为合作,来开发超强的wifi,在移动媒体里下载付费游戏,通过下载游戏从中分成,这就是一个产业。

但这种电脑游戏、电子游戏有一个度,如果过了一个度,小则误一个家庭,大则误一个民族,所以游戏一定需要引导。

从这个意义上讲,小孩玩游戏是很正常的,反过来讲,一个家庭要想孩子不玩电脑游戏,要想孩子有比较好的成绩,家庭就要有读书的氛围。今天中国的这种家庭教育,更大程度上不是要爷爷奶奶读书,而是妈妈要读书,妈妈一定要陪孩子念书,还要陪孩子去游戏。

人活在这个世界上,睁开眼睛时其实是两种状态,一种状态是学习与生活,或学习与工作,学习与工作一样,我们都可以把它等同于工作。第二种状态就是游戏,那么这里有句话叫作"工作使人奴役,游戏使人自由",说白了,工作使人不自在,其实人天生就不应该是工作的,人天生就应该是玩儿的,但现在没有办法回到动物那种境地,我们比动物要高,要想玩得更好,实现共产主义理想,共产主义之后就是大同社会,人人自由个个幸福,物质生活极大地丰富,我们不用工作,只是把工作当作一种快乐。

但大家想想,今天离共产主义还很远,那么我们今天所有人工作是很痛苦的一件事,那什么是工作的解毒剂呢?游戏就是工作的解毒剂,包括我们讲的休闲、旅游都可以归结到游戏。用美学家的话来说,只有当人在充分意义上是人的时候,他才游戏;当一个人在游戏的时候,他才是一个完整的人。所以一个人的幸福度,跟他是不是一个完整的人、全面的人有很大的关系。你现在特别有钱不代表你就很幸福,当你真的特别有钱的时候,你可能每天会想到,自家的门有没有关好,窗有没有关好,有没有小偷会进来。游戏的状态是人最放松的状态,它是跟体育最相关的一种状态。

说到这里,我们就可以给体育下一个定义,什么是体育呢?体育一定是发端于游戏的,而游戏分为两种:动物本能的游戏和人主动的游戏。

动物本能的游戏和人的游戏不一样,动物的游戏里没有规则,人的游戏里是有规则的,游戏要讲一个原则。什么原则呢？叫作最不省力原则,游戏是把简单的事情复杂化,这就是游戏的规则。

人的游戏一般来讲都是竞争性的游戏,这个竞争性的游戏里又可以分成两种类型,一种叫智力游戏,下棋、打牌其实也是体育运动,在我们国家的划分里这叫智力游戏,另外一种游戏是身体游戏,身体的竞赛性的游戏。

因此,如果把体育从游戏这条线梳理下来,体育就是一种游戏性的身体竞赛。游戏性是一个定语,我们还可以加两个定语,"有组织的"和"制度化的",体育是有组织的、制度化的、游戏性的身体竞赛。最终落实到身体要动起来、要打起来,所以要打起来是体育最本质的特点,从这个意义上讲,有一句话叫作"体育是和平时期的战争",因为战争是一定要打起来,要你死我活、你输我赢,赢的一方要迫使输的一方来签订城下之盟。

可惜,我们中国人对于体育不是这么理解的,中国人对于体育的定义、对于体育的判断,都把体育看得太大。一般来说,中国人给体育下的定义是什么呢？体育是以身体锻炼为手段,以促进人的身心和谐、人格的全面发展为目的的一种社会活动或者文化活动。这么一说,把体育说得太复杂了。

而美国人就很简单,体育就是打起来,体育就是动起来,体育就是游戏性的身体竞赛。所以,我想这是我今天要说的第一个问题,什么是体育？体育一定要动起来。

二、什么是狂欢的体育？它有四个要件

体育有很多种,散步、下棋、打羽毛球、打篮球……在狂欢体育里,我们可以把棋牌类、智力类都剔除,只承认体育一定是以身体动起来、打起来作为基础的游戏。

昨天(2014年8月29日)晚上有美网,彭帅从32强进了16强,昨天还有丹麦羽毛球世界锦标赛,这几天有欧冠的抽签,过去的一周有中超、中甲的比赛,广州恒大的亚冠比赛,过去的3个月有世界杯足球赛,我们身边有武汉卓尔的中甲的比赛。但这么多比赛,有哪些比赛能给我们留下印象呢？

羽毛球比赛,中国是羽毛球的强国,没有人关注,武汉卓尔的比赛在我们身边没有人关注。如果说能够给人产生印象的还有一个南京青奥会,南京青奥会的规格最高,国家主席习近平出席开幕式,国务院总理李克强出席闭幕

式,但有谁关注过南京的青奥会?

习主席看望南京青奥会运动员之前说了,中国的三大球如果上不去,我们就不是体育强国。面对一个练拳击的选手,习主席做了几个动作,直拳、勾拳、摆拳,他说他年轻的时候练过拳击。另外开幕式里出现了一位韩国演艺明星金秀贤,闭幕式时媒体广泛地在头条卖关子说,"梅西可能出席今晚的南京青奥会闭幕式",最后梅西没有来现场,而是通过视频讲了一段话。国家花了这么大气力,但很少有人对这场盛会感兴趣。

我们可以梳理一下,过去的一周真正对国人有很大影响的比赛第一个就是亚冠,广州恒大主场2:1艰难取胜西悉尼流浪者,但是最后,对方在它主场的时候取胜中国,两个回合加起来比分2:2,对方在客场有一个进球,根据规则,在平分的情况下看谁的客场进球多谁就取胜,结果西悉尼出线了,广州恒大没有出线,可见过去的一周能给我们产生印象的就是这个。另外,如果是李娜参加美网,影响力会更大,那么过去的3个月,或者推及今年整个一年,最有影响的体育就是世界杯足球赛。

因此,什么是狂欢的体育?我们先能够发现,狂欢的体育第一个要件是全球瞩目或者万众瞩目,很多人都关注这个事情。第二个要件是生死攸关,世界杯就不用说了,全球关注。世界杯最大的赢家当然是冠军德国队,但最大的输家并不是没有资格参赛的中国队,而是亚军阿根廷队,如果梅西取得了世界杯的冠军,他就可以比肩马拉多纳。在过去的100年,世界足坛上有两位能够称得上神级的著名球星,一个是贝利,另一个是马拉多纳,如果梅西夺冠,就有可能被列为足坛明星第三号人物。何谓生死攸关?体育一定要分出一个胜负。

第三个要件是"两赚合一","赚"是赚钱的"赚",第一要赚取眼球,第二能够赚钱。南京青奥会,为什么官方宣传得那么重要,但是老百姓不感兴趣呢?通过媒体的宣传虽然能够赚取眼球,但是像这样的赛会在我们国家有非常多,各种各样的运动会、全运会、少数民族运动会、工人运动会、农民运动会、大学生运动会,而且这些运动会都是由政府来举办。"两赚",光赚眼球还不行,还要能够赚钱,有生命力的赛事是一定要赚钱,那么真正的狂欢的体育一定是能够赚钱的体育。

第四个要件是电视直播,那么把这些东西都结合起来,我们就会发现,真正狂欢的体育一定是商业体育。

三、体育如何分类？要站在产业和媒体的角度看体育

从这个意义上讲，我们先对体育分类。美国人把体育分成三种：大众体育，就是普通老百姓玩的体育；商业体育；还有一个介于两种之间的第三种状态，叫作半商业体育，所谓半商业体育主要是学校体育，即高中联赛和大学联赛。美国高中的体育水平已经非常高，大学体育的水平肯定高出我们国家队，但为什么叫半商业体育呢？因为美国的高中联赛和大学联赛都有直播，电视直播要给参赛运动队钱，但这些运动员不能拿工资，只能拿助学金，更不能拿高额的奖金，半商业就体现在这个地方。

美国人对于学校、对于教育的看法，跟中国人的看法有一个很大的不同，中国人读书要择校，择校看重的是升学率，所以学区旁边的旧房子比偏远地区的新房子还贵。美国人不一样，美国人衡量一个学校好与不好，不是看这个学校里有多少教学名师、有多少科研成果、有多少教授，而是以体育作为追求的目标，哪个学校的体育好就选哪个学校。

1998年5月4日北京大学校庆的时候，时任总书记江泽民说，我们应该建一批世界一流的大学，所以叫"985工程"高校；胡锦涛时代提出要重点建设面向21世纪的100所大学，所以叫"211工程"大学；习近平时代又提出"协同创新"。由此可见，我们国家的领导人对于大学的期望是从科技兴国、教育质量这个角度提出来的。

美国人对大学的划分标准是大学联赛，美国最有名的大学叫"常春藤联盟"，有十几所学校，那么他们以什么联盟呢？以橄榄球联盟。所以，在美国，是不是最好的大学，就看有没有橄榄球球队和篮球队，如果这所大学没有橄榄球球队，起码它有校级的篮球队，有男篮、女篮。美国的中学也一样，如果他的篮球队很厉害，那就肯定是一个好学校。美国人就是这么看的。

中国把体育分为群众体育和职业体育，然后群众体育又划分两种：一种叫社会体育，另一种叫学校体育，这都是学者为了政府官员施政而设计的文字游戏。

什么叫学校体育？什么叫社会体育？如果社会上的人周末到学校去打球，那它叫什么体育呢？分不清。另外一种体育叫职业体育，职业体育是由专业的运动员升级为职业联赛参与者，而我们国家的职业联赛基本上都是假的，为什么？因为我们国家的职业联赛一般都是大公司，比如地产商赞助的，就是通过这些大型公司来养着它，所以真正的职业化，真正的职业联赛要具

有造血功能。真正的体育、真正的商业体育是什么呢？就是媒体体育。

其实，每个人都有自己划分体育的方式，美国著名的体育社会学家科克利就认为，体育有两种：第一种是"作为玩的体育"，普通老百姓通过玩体育来促进身心和谐；第二种是"作为看的体育"，职业运动员打比赛，普通老百姓去观赏。

我们还可以有很多划分方式，我认为体育分为两种，第一原生态的体育，就是亲自去体验的体育；另外是媒体体育，这种形式更为普罗大众所了解。为什么这么说呢？

对于普罗大众而言，衡量一个人是不是一个体育人或者叫体育人口的标准有三句话："每周3次""每次30分钟""中等强度以上"。如果你是一个体育人口，每周锻炼3次，每次锻炼的时间不少于30分钟，每次的锻炼强度在中等强度以上，那就是起码要出汗。从这个意义上讲，达到这个条件的中国人不到10%。但在发达国家，像日本、新西兰、澳大利亚、芬兰，像美国，体育人口都达到了百分之六七十。一方面它能够实现个人的主观幸福，另一方面它是一个庞大的产业。

我们很多人看不到这个产业的意义，政府看不到这个产业的意义。我们讲产业GDP，如果说一个产业能够占GDP的1%，那么它就是支柱产业。从这个意义上讲，我们中国的体育，目前占GDP不到1%，在0.5～0.7之间徘徊，而2010年的数据，中国人是0.7%，美国人是7%，10倍的差距。在中国，目前最大的产业中第一位的是汽车。在美国，最大的产业，第一位是军火，第二位是金融，而且体育产业的比重超过了汽车产业的两倍。

所以，体育要想成为产业，要有一个环节，至关重要的，那就是媒体，通过媒体传播出来的体育，我们简称为媒体体育。媒体体育是一个链条，这个链条里有四个环节，第一个环节叫作赛事资源，就是有体育比赛。

我们讲体育产业，什么是体育产业呢？体育产业可以分成两个部分，本体产业和相关产业。本体产业又分成两个东西，第一竞赛表演业，就是要高水平的比赛，常年可以观看，可以转播；第二种健身娱乐业，竞赛表演业和健身娱乐业都是体育产业的本体产业。那么，相关产业则包括器材、服装、鞋帽、用品、旅游、公关、中介，等等。

而中国体育里最大的短板，本来应该做的是竞赛表演，但我们没有。我们最大的产业是体育服装用品，NBA的球星像走马灯一样暑假来到中国，原因在什么地方呢？在福建的晋江有好多体育的品牌，希望他们为这些体育品牌来代言。而在西方发达国家体育的用品——耐克,也是很有名,但是再有名,从世界范围来讲,最有名的还应该是体育竞赛。

这里再重复一下,体育产业是一个链条,这个链条里有四个环节,分别是:赛事资源、媒体资源、广告与赞助资源、受众资源。

我们先来看第一个环节——赛事资源,一个城市是不是体育城市,就看它有没有有影响力的比赛,所以赛事资源,家门口的比赛,这个很重要。那么,怎么把这个资源放大呢?这就牵涉第二个环节——媒体资源。

媒体能够转播,很好的比赛由媒体来转播,而且媒体能够把它转播得很好。武汉从今年(2014年)开始,即将为世界传递新的信息符号,就是武汉网球公开赛要举办15年,国际上前10名的女子网球运动员每一年至少得来7位,这个比赛才能够开打,这是很好的一件事情。

但是这个女子网球赛,湖北电视台体育频道、武汉电视台体育频道都没有办法独立的转播,所以要引进上海的五星体育。不能转播还有个原因,有时候不是单纯的技术上不行,是因为要转播,就得承担赛事资源的版权费,说白了,就是要购买转播权。湖北电视台体育频道购买力有限,它的广告开发不力,像世界杯、奥运会期间,它们经常是零广告费,这似乎完全不可想象,好好的比赛没有广告,这都是很大的问题。

所以,媒体能不能转播这个赛事取决于两个东西,第一有没有版权,中央电视台体育频道为什么能够一家独大?世界杯年、奥运会年叫体育大年,每逢这样的年份,它就可以利用独家转播权来吸引数亿广告费。国家广播电视总局要求在大陆地区只有中央电视台才能买版权,别的台都不能买,那别的台怎么办呢?都要生存,就打擦边球,所以中央电视台就睁一只眼闭一只眼。

按照国际足联、国际奥委会的规定,你没有买它的版权你就不能使用它的图像,就不能使用它的Logo,那么怎么办呢?我记得很清楚,2010年南非世界杯的时候,广东电视台体育频道没有买到这个版权,但是要做世界杯的宣传,就只好在广东电视台电视大楼墙面弄了一幅上百平方米的梅西巨像,什么也不说。这样一来,其实一方面对梅西是侵权的,另一方面对世界杯也是侵权的,但它只好打擦边球。按理说,没有转播权,要播节目,中央电视台就要罚,要罚那就是猫捉老鼠的游戏。

另外,电台没有转播权,也不能随便直播体育赛事,那不能播怎么办呢?现在的电台很聪明,它就采取以谈话节目的方式来播出这个节目。

比如阿根廷打德国世界杯的决赛,在演播室里安排两个人,一个主持人一个嘉宾,"各位听众大家好,现在江汉路比较堵,我们来聊一聊世界杯的事情","最近有没有看啊?现在正在打比赛,我们切入到比赛的现场"……然后两个人对着电视画面为电台听众来聊比赛,这其实就是变相性的赛事直播,这都叫打擦边球,谁也拿它没有办法。

作为媒体,第一要有播出的版权,媒体购买赛事版权,并不由媒体自己出钱,谁来出呢?广告商与赞助商。广告商和赞助商的意思其实是一样的,要么以实物,要么以金钱,对媒体进行回报,大部分以金钱的形式把钱交给媒体。所以,广告赞助资源是体育产业链条上的第三个环节。

但是,这里面有个秘诀,赞助商和广告商相比,赞助商好听一些,赞助商是赞助了这个项目,广告商是想让观众买它的东西,其实最后得益的是赞助商,赞助商也是希望受众最后要去买它的产品。

所以,体育产业的第四个环节就是受众资源,就是消费者,这场比赛是由耐克赞助的、是由李宁赞助的,走在街上看到李宁的店,我们就进去试一试,李宁最近出了一款新鞋子,耐克最近出了一款科比的2015版的篮球战靴,实际最后怎么样?赞助商交的钱,广告商交的钱,最后都落实到我们每一个普通的老百姓身上,这就是我们讲的媒体体育。

我们再简单地回顾一下,媒体体育就是体育产业在媒体中的放大,体育产业在媒体中的运用包括四个环节:赛事资源、媒体资源、广告赞助资源、受众资源,四个环节中媒体起到了连接点的作用。

打一个比方:体育产业就像是高速公路上奔跑的汽车,赛事资源是发动机,媒体资源是方向盘,广告赞助资源是轮胎,受众资源是路面。

四、谁来评价运动会成功与否?媒体说了算

在说完媒体体育基本的要义之后,我们再来说说大型赛事。我们对于体育的体验,很多人不是到现场,但他仍有可能是一个非常好的体育迷,对于各项比赛都能够说得头头是道,如数家珍,那么最后他要感谢电视。

世界杯、奥运会、职业联赛这三个赛事是构成商业体育、狂欢体育的主体。世界杯就不用说了,刚刚过去,奥运会按道理来讲是政治性很强的一个事情,和世界杯本来有点区别,那么它为什么也能使人狂欢呢?那是因为,今天的奥运会要破除一个观念,奥运会跟政治其实没有太大的关系,奥运会从神圣奥运已经变成了商业奥运,但我们中国人把奥运会还是看得太高,那就意味着要花很多纳税人的钱。

国家现在正在申请北京和张家口的冬奥会，如果我们还按照北京奥运会的模式去办，假如我们申请到了冬奥会，去办冬奥会，我觉得有疑问，因为奥运会我们花的钱实在是太多了。反过头来看看伦敦奥运会，跟北京奥运会相比，人家花的钱就很少。

所以，我们作为一个大国，要有自信心，根本就不必在乎一个国际奥委会的主席怎样去评价一届奥运会。国际奥委会主席罗格说，北京奥运会是无与伦比的，这就像一个熟人碰到你们家的孩子，说你们家孩子真聪明、真漂亮，那个话其实是言不由衷的，即使是发自内心的又怎么样呢？

真正对于奥运会最好的评判的标准，不是官员说了算，是媒体说了算，不是媒体对奥运会正面的方方面面的评价，还得要考虑媒体负面的评价。所以，国际奥委会从2000年悉尼奥运会开始，就有个举办城市合同，在这个举办城市合同里，就列了一个条款，就要搞媒体运行服务。

一届奥运会，参加比赛的运动员大概是一万人，但是记者达到两万多人。那么，这两万名记者里又分成两种，第一种是注册记者，另一种非注册记者。注册记者可以持证下到场馆，不同的记者到场馆的不同地方，那么，那些没有持证的非注册记者就在街上到处闲逛，很有可能到处找你的茬。所以，北京奥运会给非注册记者和注册记者提供的是同等的待遇。

为什么呢？那些非注册记者，不把他伺候好，他在这个垃圾桶里照一照，在那个胡同里照一照，他把不好的都照出去了，你想想，那不是最大的传播吗？

到了伦敦，这个做法不一样，伦敦人不一样，一切都从简了。我这里举一个例子，奥运会的圣火本来是很神圣的，火本身也是很神圣的，但如果把它放在游戏的规则下，火只是游戏中的一个环节而已。圣火从古代奥运会到现在，给人的感觉，奥运会的圣火是不能熄灭的，但你看一看伦敦人，伦敦奥运会在开幕式一结束就把圣火熄灭了，提前熄灭了，在他们看来没什么。

那么，真正对于奥运会产生看法上的改变、革命性的变化，是1984年洛杉矶奥运会。1980年莫斯科奥运会，因为当时以美国为首的北约集团抵制以苏联为首的华约集团，所以很多西方国家根本就没有参加奥运会，结果到了洛杉矶奥运会的时候，国际奥委会的财政钱袋子里都没有钱了，几乎濒临破产。

萨马兰奇为什么伟大？因为萨马兰奇从莫斯科奥运会开始主政国际奥委会。1984年美国洛杉矶举办奥运会，而以苏联为首的华约集团又回过头来抵制洛杉矶奥运会，但中国人横空出世，就从洛杉矶开始。

洛杉矶奥运会由上一届的社会主义国家政府办奥运，就变成了由资本主义国家民间、团体、公司来办,说到底,就是洛杉矶一个小个子的旅游公司的老板来办,一个叫作尤伯罗斯的人,他把奥运会给承包了。他承包了奥运会,第一卖电视转播权,电视转播权比这之前所有的届数都要高,给卖出去了;第二卖奥运圣火传递,在中国,不是一般人能够传递奥运圣火的,那都是政要、名人、名流、明星,一句话,都是知名人士,起码要是个劳动模范。

反过来,在美国洛杉矶,凡是谁要跑奥运会的圣火接力,可以,交钱!根据交钱的多少,来决定跑的路程长短。在尤伯罗斯看来,奥运会就是游戏,就是商业,所以从这个意义上讲奥运会就是个商业体育。

现在有很多人就提出一个观念,即以后的奥运会干脆就不要以国家的名义来办,以公司的名义来办,叫作全球公司奥运会。因为奥运会每牵涉一个服装品牌,耐克、阿迪这些都是对手,所以,我们不必把奥运会看得太神圣。我们要把奥运会基于游戏、基于产业、基于赚钱,不要去花一些不明不白的钱,没有必要,这是我的一个基本看法。

五、体育为什么能够带来狂欢?狂欢有其自身的逻辑

人们为什么喜欢体育呢?世界杯、奥运会、职业联赛为什么能够带来狂欢呢?

因为狂欢是一种节日,我们讲西方有很多的狂欢节,那么体育比赛也是一个节日,有影响的比赛就是个节日。只要是节日,都有一个特征,节日就是跟平常的生活不一样的生活。

在我们日常生活中有领导,在单位里有领导,回到家里还有领导,所以一个人一辈子都在体制内生活,到死都有领导,而狂欢的生活就没有领导出现。

狂欢就把平常的生活倒了一个个儿,狂欢就是要消弭这些等级,狂欢里出现的不是领袖是小丑,狂欢就是我们把所有的面具都摘掉了。因此,狂欢有狂欢的逻辑。

最早提出狂欢理论的是苏联的一个美学家,他叫巴赫金,他写了一本书——《陀思妥耶夫斯基诗学问题》,在这本书里,本来讲的是语言的狂欢——小说,但实际上也适用我们今天所说的节日狂欢,就是狂欢有狂欢的逻辑,我们可以随便放松,但不能违法。

在陀思妥耶夫斯基看来,狂欢有四种方式,四个逻辑。

第一个逻辑叫作亲昵,人与人之间亲密无比叫亲昵,大家很亲切像亲戚一样,我们都是一家人。如果我们支持一个球队,我们都是这个球队的球迷。

从社会学角度来讲,可能有从众心理,人都有归属感,这是狂欢的第一个标志。

狂欢的第二个标志,俯就。我坐在台上你坐在台下这叫作俯瞰,"就"就是接近。打一个最简单的比方,我们说一蹴而就,一伸腿就到达了,就成功了。俯就,上对下。1994年美国世界杯,如果你还有点印象,你应该想起美国世界杯开幕式的场面,时任美国总统克林顿代表美国人民欢迎来自全世界的足球明星、足球运动员和观众,当时没有主席台,在一个过道的一个台阶上放了一个演讲台,当克林顿演讲完以后,他一转身,我们发现,有一个打赤膊的人跟克林顿热情拥抱,这就是俯就,这就是人之间的亲密。这在中国是不可能的事情,为什么呢?我们国家比较讲上下等级,但按道理来讲,体育是最不讲究等级的。

这里,我顺便说说美国体育社会学家古特曼所写的一本书——《现代体育的本质》。现代体育有七个特征,第一是世俗性,并不是说人从动物那里把游戏给传承下来,就有了体育,体育走到今天并不容易。古希腊的神话记载,古希腊人对战争看得很开,在战友牺牲了以后,会举行运动会加以祭奠。古代体育是作为祭奠来用的,而现代体育就把神圣的祭神活动变成了世俗的每个人都可以参加的活动。

第二是平等性。每个人都可以参加,只是结果不一样。你如果想单挑,我们可以单挑,老年人跟青年队也可以来打。

第三是理性化。它有规则。体育比赛是按照规则在比赛。

第四是科层化。体育可以是一个人跟对方打比赛,但它得有一个团队来支撑。李娜写了一本书叫《独自上场》,其实李娜不是一个人,她有一个团队,所以现代体育必须有团队,那么最高的团队——国际奥委会下还有很多分支的委员会,还有单项组织如国际足联、国际田联。

第五是专业化。以前一个人可以参加多个项目,那么在今天,最好是每个人玩一个,乔丹以打篮球为主,打了篮球去打棒球,他没有成功,体育需要专业化。

第六是量化。量化促使人一定要突破自己,所以体育要不断地超越。从健身的角度讲,职业运动员并不幸福,为什么呢?职业运动员会有两个方面的问题,第一是没有文化,大部分的职业运动员从小练这个,没有时间读太多书;第二是一身伤病,阿根廷是世界足球的圣殿,人才辈出,退役后的战神巴蒂斯图塔说,他曾经一度想把自己的双腿砍掉,因为伤病让他痛不欲生,所以伤病是任何人不可避免的,但是若要追求量化,追求成绩与分数,伤病在所难免。

第七是纪录。媒体不断地说,梅西如何如何,C罗如何如何,谁比谁更高,所以他们俩就不断地激励,普通人从事体育使身心和谐,而职业运动员从事体育使身心分离,所有成功的运动员最后几乎都以悲剧作为自己人生的结尾。姚明,中国头号球星,最后不就放弃了吗?姚明最好的成绩是代表国家队打进了世锦赛的前8名,奥运会的前8名、世界世锦赛的前8名,姚明在火箭队也没有取得太好的成绩,所以纪录是个害人的东西。

现代体育的七个关键词,世俗性,平等性,理性化,科层化,专业化,量化,追求纪录。这些东西追求完了,一个人一辈子就差不多了,最后落下一身伤病。

所以从狂欢里我们说,第一个逻辑层次是亲昵,第二是俯就,第三是插科打诨,这里回到第三个逻辑。

现代的体育比赛是比给观众看的,观众中一定得有啦啦队长。好几届世界杯赛期间,国外总有女孩子把比分写在自己的臀部上面,或者以适当的裸露来展示性感,吸引眼球。

从2010年世界杯开始,2010年世界杯别的印象没有,结果红了一个不踢足球的人,巴拉圭的一个女孩叫里克尔梅,她的团队一不小心使她一夜成名,风靡世界。她把手机夹在自己的胸部,来衬托自己的胸部比一般女孩子要大一些。到了2014年巴西世界杯赛,更多的女孩儿都把手机夹在胸部上,个个都是乳神,也是女神,所以这叫插科打诨。

第四种逻辑标志就是粗鄙。"粗",粗俗的"粗";"鄙",卑鄙的"鄙",这也是狂欢的一种语言,狂欢的一种逻辑。打个很简单的比方,现在中超的看台上几乎都能听见一种声音,骂人的声音,从北京国安蔓延到全国各地。事实上,作为一个日趋文明和成熟的社会要求,懂得自我约束和自我控制是至关重要的,尤其是赛场这类彰显人类群体力量和秩序的场所,更应该用进步的方式表达我们的兴奋。

我第一次到北京的球场看球,就感觉到这个骂人的声音不同寻常。北京的球迷开始是在先农坛,后来是在北京工人体育场,以骂人的方式加油助威,乐此不疲。说实话,北京人非常懂得比赛,但北京人看比赛的时候,那种皇城脚下唯我独尊的心态,其他地方的人不可比拟。

在北京的赛场,我们听得最多的是两个词汇:"牛×"与"傻×"。现场喇叭介绍双方的运动员,一般是先介绍客队,每介绍客队的一个运动员时,北京观众就集体从鼻孔里发出低沉的"嗡嗡"声,然后,到了介绍主队队员时就不一样了,他们就用吹口哨来欢呼。

以现场观看足球或篮球为例:当本方队员进攻到对方队员禁区的时候,全场几万人就喊"加油!加油!",或"牛×!牛×!";当对方队员进攻到北京队的门前或篮下的时候,全场几万人就喊出"防守!防守!"或"傻×!傻×!"的声音。"京骂"的声音,简直没法直播。现在我们国家在搞文明城市建设,如精神文明城市、卫生城市评选,对于"京骂",媒体和政府是反对的。

对于直播来说,在"京骂"出现的时候,导播便把现场的音量压低。当然,从道德评价来说,"京骂"这种现象是一种非理性的狂欢语言,不宜提倡。

六、三大球能够上去吗?五个关键词一个都不能少

说到这里,我就想起能够作为狂欢的体育,在我们国家,实事求是地讲,已经太少了,不多了。今天(2014年8月30日)早晨,我打开网络,看到了国家体育总局局长刘鹏说:"我们要痛下决心,狠下力气,把三大球搞上去。"

我且不说体制性的、制度性的问题,最大的问题是体育人口,一个良性的体育发展应该有下面几个关键词,从体育人口来讲,第一个关键词是"家庭体育"。在座的各位,我们今天讲座完了以后,你带四个字回去,那就是"家庭体育",就是我们家有没有体育?我们家有没有把体育作为生活方式?

我们在每一年播音考试的时候,有即兴评述的题目,在即兴评述的时候,开放性的问题没有对错之分,就好比有这样一道题:在一个家庭里,是父亲喜欢体育容易带动全家的家庭体育,还是母亲喜欢体育容易带动家庭体育?答案是仁者见仁,智者见智,如果父亲喜欢体育,父亲更懂体育,父亲指导起来更好一些,更权威一些,父亲是孩子的形象。但中国的家庭,一般是母亲管钱,母亲是家庭的"支部书记",母亲说了算,所以,如果母亲喜欢体育,家庭体育会发展得更快一些,这是第一,家庭体育。

在美国,为什么说黑人打篮球特别厉害,黑人和白人从人种上讲是有区别的,从文化上讲,黑人比白人打篮球更能成功吗?其实,这是一个误区。美国的黑人几乎都住在城里,住在城里的人多数为穷人,有钱人都住在郊区,那么城里的体育资源,非常有限,只有篮球相对好办。

另外,媒体对于黑人的引导有一个误区,认为黑人从事体育更容易成功。其实,根据美国的统计测量,黑人做律师做医生成功的比例,比做职业运动员成功的比例,要高很多。那么,家庭里面如果有很好的体育习惯,这个社会就

不愁体育上不去。因为家庭是社会的细胞,那么这个国家的体育就不用发愁。

家庭体育往前再走一步,就是第二个关键词"社区体育"。社区体育不是社会体育,在我们国家,讨论社会体育的人很多,讨论社区体育的人很少。看看我们的社区,里面很少有体育设施,人满为患,楼满为患。个别社区里有一些全民健身路径,有一些小的设施,但它不足以解决社区人群体育锻炼的问题。

社区里怎样才能有足够的体育场地和设施呢?最大的问题是政府要干预,干预什么呢?政府在给房地产商批发这块土地的时候,一定要明文规定,在你这个地盘,多大面积一定要配套有多少面积的体育场地。社区没有体育场地,体育从何而来?

而且在社区体育上,美国的体育新闻报道跟中国的体育新闻报道不一样,中国体育新闻报道的项目选择是:第一足球,第二篮球,第三网球,然后在这三个项目里大部分说的是国外的明星,足球梅西、C罗,篮球科比、詹姆斯,网球莎拉波娃、威廉姆斯,但美国的媒体在选择报道对象的时候,第一是社区体育,本地的体育是他们报道的重点,本地的体育都有电视报道、电视直播,第二是本国的体育,第三才是国际体育。

所以,中国体育要想持续健康地发展传承下去,第一得有"家庭体育"的概念,政府要来营造这个概念,要推广这个概念;第二得有"社区体育"概念,房地产商不能只为了赚钱而无限提高容积率,还要做公益做慈善,要释放空间来建设体育设施,第三要有职业联赛。

我想说的第三个关键词是"学校体育"。我们的社区体育不发达,学校体育也不容乐观。我们今天提出足球要进校园,通过校园足球来振兴中国足球,这也不现实,为什么呢?我们的很多学校都是麻雀学校,学校里根本就没有体育场地,没有足球场,进校园有什么用呢?

我想说的第四个关键词是"职业联赛",第五个关键词是"国家队"。这两个关键词,大家都清楚,这里就不展开了。

因此,只有抓好上面的五个关键词,从低到高,从点到面,才能使我们的三大球搞上去。然而,现实很残酷,我们不妨想一想,我国的体育人口本来就少,政府又不提倡家庭体育和社区体育,学校体育又缺乏场地,职业联赛不健康,国家队水平自然就缺乏基础,水平不可能高到哪里去。

此外,在我看来,也没有必要把三大球都搞上去,为什么呢?足球、篮球观赏性强对抗性强,它们属于打起来的运动。从体育项目来讲,对抗性有隔网对抗,有身体直接接触,身体直接接触要高于隔网对抗。而排球,虽然我们国人对于排球情有独钟,女排精神就是中国精神,它是一个时代的记忆与符号,但是,毕竟世界的体育潮流和今天媒体的融合发展到今天这个阶段,排球作为职业联赛,它的市场性远远不如足球、篮球和网球,所以,我觉得我们国家要向阿根廷和巴西学习,不要发展太多项目,如果把足球、篮球、网球,把这三个项目发展好,我觉得我们就可以万事大吉。

七、普通人如何解读体育？内行看门道,外行看热闹

普通人如何解读体育呢？这里说的普通人,一是到现场看比赛的人,二是不到现场但对体育有感知的人。

现场看比赛的人,其实对体育的感知就是两种方式,第一看热闹,第二看门道。所谓看热闹,什么东西是热闹的呢？每次奥运会或者世界杯比赛之前,媒体会做连续的报道,要做连续报道,记者一定要走马观花,其实这符合普通人感知世界的方式,用美学的话来说,就是三个字:"色""形""声"。

第一,颜色。就好比说,我们到球场,会发现球场的色彩跟平常生活的色彩不一样,现在,它们是跟国旗、队服相关的颜色。今年亚冠,广州恒大输球与错穿成客场的队服也有某种巧合,因为主场是红色,客场是黄色,结果他们穿了黄色的队服,这可以作为一个花絮。

第二,形体。体育比赛期间,摄影记者或是俯身拍啦啦队女孩子的胸部,或是蹲在地下拍她们高抬腿的动作,以此作为一种视觉消费。

第三,声音。体育场上的声音基本上就是三种,歌声,西方的看台都是歌声如潮,无论球队输赢,整个人就通过唱歌的方式来自我狂欢;掌声,有节奏的击掌;啸声,包括呐喊。

外行可以感受色、形、声,那么内行看门道,有两个门道可以看。看球跟看戏是一样的,整个戏剧最大的特点就是冲突、矛盾,让观众自己去追问:矛盾怎么形成的？冲突怎么形成的？矛盾跟冲突怎么去解除？这就是我们讲的悬念,你要主动去设置悬念。体育比赛最大的悬念谁输谁赢,你要观察,你要判断,你要下一个赌注。

另外,在比赛进行过程中,好比说球类比赛,足球比赛和篮球比赛最有影响力的人,并不是那些能得分的人,而是那些会传球的人,所以传球在球类项目尤其是足球和篮球中是第一位的,传球的人地位最高,在橄榄球中四分卫和篮球的后卫以及足球里面的中场球员,道理是一样的,这就是门道。

每一场比赛中,球是中心,但球路是多种多样的,作为一个观众,你要设想传球的人有哪些传球方式,哪一种方式最合理,而球员恰好是按照你设想的方式去传球,那一瞬间你就会得到快感,这个快感用马克思的哲学语言来说,叫作人的本质力量对象化。

可以说,看球跟看戏有得一比,运动员跟演员有得一比。不一样的地方是,戏剧的脚本是提前设定的,观众不知道结果但是演员知道结果,而体育比赛没有脚本,球员和观众一样也不知道结果,除非球员打假球。所以,观众在看球和看戏的过程当中,最大的收获就是互动,看球也是一样的,从互动性来讲,和体育最接近的艺术就是戏剧,在古代,那些演戏的,演员本色地出演,比如说,在演《牡丹亭》时,女演员把自己扮演成一个失恋的人,最后演到可以把自己演死的地步。这是我们讲的门道之一,看球如看戏。

另一方面,看球或者看体育,要把自己假设为一个教练,那么,作为一个教练有什么好处呢?

在座的任何人,如果有一支运动队,哪怕你是一个外行,也可以做三天的教练,因为做教练就是四个词八个字:第一技术,球员在打比赛的时候,不需要教练去练技术,因为从小就有人教他技术;第二战术,战术就是各种技术的组合,包括人员组合;第三体能;第四心理。所以真正内行的人去看比赛的时候,会把自己想象成自己喜欢的球队的主教练,哪个环节打得不够好,你就会觉得该换人了。

好比说,广州恒大打西悉尼巡游者,右路要换人了,你就想右路换谁比较合适,换张琳芃最好,但是他受伤了,结果换成廖利生。如果教练的换人,跟你想象的一样,那个时候你会得到无比的满足;如果跟你想象的不一样,你就会说,我们再看一看。所以,真正内行的看客一定会把自己当作一个教练。

这是我们普通人解读体育的第一种方式,外行看热闹,内行看门道。

第二种方式就是不在现场的人怎么办呢?用我们传播学的话来讲,叫作二次传播和意见领袖。实际上,这是按照美国的选举得出的一个概念,美国人选总统,每个成年合法的公民都有自己的一票,这一票很重要,那么我把我这一票投给谁比较合适,在普通人看来,是像媒体上说把这一票投给谁,你就会投给谁吗?不是的,媒体只影响一部分人,影响哪一部分人呢?媒体影响有影响力的人。

体育媒体对谁的影响最大呢?对超级体育迷的影响最大,超级体育迷集合了各种媒体的信息,他又去影响他周围的人。要买体育彩票的人一定不会听媒体的，但一定会听身边那个超级体育迷怎么说，而这个超级体育迷就叫作意见领袖。所以，你要对体育有感知，身边得有一个超级体育迷，这就是我们讲普通人对体育的一种解读。

八、媒体如何解读体育？主题建构不可少

媒体对于体育的解读有一个背景，这个背景是什么呢？就是消费社会、消费主义。媒体要报道的体育项目，一定得有卖点，而不是先有看点。中国的乒乓球打得那么好，但是电视直播没人看，没有人来买这个版权。中央电视台经常做一件事情，好比说，NBA的一些场次很受国人关注，但电视台却突然播出一场乒乓球的比赛，这很要命。

那么，根据老百姓的想法，我肯定愿意看NBA的比赛，为什么突然播这个乒乓球比赛呢？原因可能有两个：第一，中央电视台体育频道的总监是中国乒协的副主席，他对乒乓球情有独钟；第二，他经常会接到高层领导打电话，说今天的乒乓球比赛怎么不播啊？所以，体育频道经常会改变一些播出的计划，那么这些都叫作不按照市场规律办事。因为它没有竞争对手，如果按照市场的法则，应该播有观赏性、能够卖钱的比赛。

在消费主义的背景下，体育都跟戏剧一样，都跟演绎一样，媒体要塑造要构建一些主题，有哪些主题呢？

第一个主题，成功。什么意思呢？电视在播出这些比赛的时候，会或明或暗告诉读者，告诉受众，从事体育容易成功，其实从事体育最不容易成功，但你得到的印象是从事体育容易成功。因为李娜，中国的网球事业飞速发展，但是大家想想，多少年才能出一个李娜呢？如果我们要做别的，也许成功的概率更大，但是媒体给我们灌输了，我们就得接受。

第二个主题，男性霸权。只有男人的体育才是真正的体育，女性的体育只是作为点缀。世界杯足球赛指的是男子世界杯足球赛，但女子世界杯前就一定要冠一个"女子"二字，这很不公平，但这是现实，所以男性的体育才是真正的体育。以前像网球比赛，四大满贯男子拿的奖金比女性要高，后来经过抗争，才同工同酬。

第三个主题，国家与民族。其实它强调的是集体荣誉感，韩国的亚运会，朝鲜在国内挑选了一些少男少女作为啦啦队，朝鲜的体育在亚洲还可以，但跟中日韩是没得比，那么它也要闹出点动静，通过啦啦队的方式来表明这个国家存在的实力，这也是一种主题。另外体育团队项目，即是个人的体育也

是团队项目,要讲究团队协作。

第四个主题,娱乐化。体育是娱乐产业的一部分,消费主义都是它的一个部分,这是我们说的一般性的主题构建。

另外,媒体之间的关系也有奥妙,商业体育或者狂欢的体育都是以电视直播为主,那么报纸在报道体育方面,是围绕电视直播来存活的。在西方,电视直播什么报纸就报道什么,按道理来讲,电视已经播得很清楚了,看完了,观众还要报纸干什么?由于电视直播只是个过程,报纸就报道幕后故事,为什么赢了?为什么输了?深度报道通过报纸呈现出来,这就是他们之间的相互关系。

九、谁是中国最好的解说员?迄今还是宋世雄最好

现在大型赛事,转播机构提供的大多为公用信号,画面都一样,但各个台的解说评论不一样,所产生的传播效果就不一样。这样,媒体解读体育的最重要、最有影响力的方式就是体育解说评论。关于体育解说评论,我提出五个为什么,简单地说一下。

第一,为什么全国网民对央视不满?

凤凰网在世界杯期间做了很多专题报道,其中有一个专题叫作"大表哥",用很多表格数据来说明观众的情绪,其中有一个情绪就是全国网民对央视解说世界杯不满。那么,网友们不满在什么地方呢?最大的问题是包括央视在内的体育解说评论员没有搞清楚体育解说的本质是什么。

20世纪50年代,时任国家广播电视部部长吴冷西先生说了一句话,"体育解说是一门艺术,每一场解说都是一门考验",以至于很多人把这句话作为一个经典。体育解说从语言学的角度是艺术,但从本质上讲,它不是艺术,而是新闻,是扩大了的新闻报道,是一种语言服务,比赛是主旋律,解说只是伴奏而已,它以广播电视作为平台,以解说、描述、评价为手段,为观众、受众提供一种观赏服务,目的是为了让观众看懂、看好比赛。

解说员是一个服务员,一定要明确服务是要有标准的,服务往往是以非物质的形式,服务就是服侍人、伺候人,服务好不好,被服务的对象说了算,被服务的对象有个统一的标准,这个标准叫作什么呢?满足感。网友听了央视的解说却没有获得满足感,所以他们会有意见。

第二,黄健翔为什么出走央视?

2006年世界杯期间,黄健翔解说了意大利和澳大利亚的一场比赛,引起

争议,我们称之为"解说门事件"。在比赛快结束时,意大利获得了点球,最后战胜了澳大利亚,黄健翔振臂一呼"意大利万岁",这句话没问题,但他还应说澳大利亚也不简单,但他说"澳大利亚你们可以回家了"。这就使人觉得他站在意大利这边,可是他为什么这么坚定地站在意大利这边呢?有没有可能参与赌球呢?我们承认解说要有倾向性,没有倾向性就找不到解说的线索,找不到解说的立场和站位,但解说的倾向性一定是理智结合情感,需要有激情但不违背理智。支持、赞扬一个队非常好,但不能辱骂、诋毁另外一方,所以黄健翔最后离开了。

据说央视有个习惯,每一次世界杯转播期间都有奖金,如果发生转播事故,所有的奖金都没有了,所以黄健翔一呼一喊以后,主持人张斌就代表他出来致歉意,道歉说他当时失态、失常、失礼。这是第二个,倾向性原则没把握好。

第三,杨健为什么被质疑?

2012年伦敦奥运会,杨健解说110米栏刘翔的比赛。2008年北京奥运会,刘翔退赛,举世震惊,但那次的危机公关做得非常好。首先,中国田径队总教练冯树勇用英语回答中外记者的提问,介绍情况显得非常专业,然后刘翔的教练孙海平在说到刘翔的伤势时,非常痛心地哭起来了,像父亲一样。一个专业型的领导加上一个慈父型的教练两个一合作,很快让国际媒体淡化了质疑,另外,紧接着媒体又报道时任国家副主席习近平同志打电话给体育总局,慰问刘翔的伤情,希望刘翔放下包袱加紧康复,争取再创辉煌,这是从国家层面发出的声音,言下之意,不要再为刘翔的事情议论。

刘翔退赛之前,央视解说员杨健了解到刘翔的情况不容乐观,那么,怎样去解说刘翔的比赛,他想了四个方案:A方案,中途退赛;B方案,参加了比赛但没有晋级;C方案,晋级但因状态不好过不了第二轮;D方案,刘翔没有出发。最后结果我们看到了画面,刘翔在起跑蹬第一个栏架,一蹬栏架之后马上在地上打滚,紧接着他又回到了起点,给人的感觉好像他不知道怎么办,回到起点以后又单脚起跳走完了全程,亲吻了栏架。

杨健的解说是,刘翔是一个战士,一个战士受了伤就相当于一个战士没有枪,刘翔走到今天不容易,不管怎么说,他代表着中国体育在这个项目上的一种符号,我们希望刘翔好好的,原话差不多是这么个意思。新闻工作者跟一般人有点不太一样,我们不相信眼泪,我们要冷静客观地在新闻写作里告诉学生,所有的新闻写作不能用惊叹号。因为新闻报道有它的原则,客观、公正、全面、平衡,把这几方面做到之后才能做到真实。

刘翔的表现给人非常疼痛的感觉,就跟国歌里面唱的一样,冒着生命危险,然后加上杨健哽咽、低沉的一个男人的呐喊,戏剧性的效果出现了。我们知道,最好的戏剧效果,一个是崇高,一个是悲壮,崇高是悲壮的集中体现,悲壮大家都能理解,体育比赛恰好就是这两种,赢的一方赢得很不容易叫崇高,输的一方就差一步叫悲壮,这个场面给人感觉既崇高又悲壮,非常得体。所以,后来杨健在总结大会上得到了体育频道领导的表扬,但我认为刘翔、杨健都没有做好自己的本职工作。

作为刘翔来讲,如果不能参加比赛,你可以放弃比赛,但要把自己的实际情况告诉公众,公众有知情权。央视的责任是,如果杨健对刘翔的状态有怀疑,他就应紧跟刘翔的记者冬日娜,把观察到的有关刘翔的真实情况告诉公众。如果他说:"我们了解的情况是刘翔的身体状况不太好。今天的比赛可能会出现因伤退赛、参赛但不能晋级、晋级但拿不到好的成绩、不能出发几种情况,但我们希望这些情况都不会出现,希望刘翔如期比完比赛,甚至带伤取得好成绩,不管你最后取得什么成绩,我们都能理解并支持你。"这样说多好!

杨健是一个记者而不是一个配合刘翔的表演者,任何记者不能做某一个人或某一个团队的啦啦队长,因为记者代表的是媒体,媒体代表的是公众,公众需要的是真实、平等、对称的信息。从北京奥运会到伦敦奥运会,刘翔因为身上背了太多的代言,而代言有个特点,就是曝光率,你曝光的次数越多,那么你所代言的产品的价值就放得越大,买的人就越多,但这种代言得有前提条件。据说,刘翔的代言费50%归自己,15%归教练,15%归体育中心、体育总局、田径管理中心,20%归上海市体育局,一切都是商业。老百姓把这个事情看得很神圣,但在代言人看来一切都是商业,一切都是游戏。

根据我自己的亲身经历,跟腱在断的那一瞬间并不痛苦,真正痛苦是在术后六小时,从这个脚脖子一直到大腿根部打一个石膏,术后整条腿不能动,然后整个腰部发胀,胀才是最痛苦的表现。但普通老百姓认为,刘翔倒地那一瞬间最痛苦,这达到的都是戏剧性的效果,因此,一个解说员,真正好的解说员,我认为他应该把握客观性、公正性、全面性。

什么叫客观性?客观的前提是真实,真实就是符合客观事物的原貌,最好的方式是记者不要说话,记者不要做判断,用直接引语让当事人说话。客观其实不容易做到,但公正可以做到。

什么叫公正性?记者应该让新闻当事人平等的地对话,由读者去做判断。

什么是全面性？有些信息不够全面，好比今天我们演讲里，如果电视仅仅拍张德胜一个人的镜头，张德胜讲得满头大汗，这个演讲的效果，应该讲打60分没问题，但现场的观众并不是座无虚席，为什么呢？最好的方式是反映比较全面的信息，今天我们这个演播厅应该能坐500人，实际上我们来了200人，那观众和读者就可以做个判断。

所以，我觉得杨健犯的错误，是没有把自己定位在一个记者的本分上，没有反映全面的信息。

第四，刘建宏为什么被集体吐槽？

本届世界杯直播，刘建宏和朱广沪搭档过，他做主持人很成功，但为什么做解说员大家不喜欢他？因为体育比赛直播有个特点——声画同步，画面第一，评论员第二，解说员第三。

一定要尊重画面，出现什么画面解说员就说什么。评论员是解说的中心，评论员一般由教练或退役的运动员来担任，一般情况下他不会出错，如果说错了他要负责任，从话语权的分布来说，更多的时间要交给评论员，所以解说员第三，指的是解说员要让位于画面和评论员，他要做的事情，就是穿针引线、端茶送水，与此同时，他必须要做的两件事情是播报比分和时间。

美国的解说员为了敦促自己遵守这个铁律，把沙漏设置为3分钟，以提醒自己及时播报比分和时间。但是，我们国家的解说员，一场比赛下来，很多人根本就不报比分，也不报时间。还有一个问题，刘建宏可能没有想到，读书看报长知识、长智慧，还能够形成观点，而电视是一个娱乐工具，是一个使人变得愚昧的工具，一个人如果看多了电视，他会相信电视里面说的。而真正从传播观点来讲，纸质媒体胜过电视媒体，从这个意义上讲，刘建宏就不应该在电视画面直播的时候，大谈中国足球应该怎么办的话题。

电视的技术原则还有一条要遵从，那就是特写镜头。特写镜头出现的时候，一定不能说别的，如果今天我们电视机里面有个特写镜头反打到了我们的观众席，观众席里面如果出现了一个很知名的人士，那么解说员就一定要解说这个知名人士，如果你不认识这个人，那就停下来保持沉默，留白。

北京奥运会的开幕式为什么解说不好呢？都把开幕式形成了文本照着念。索契冬奥会，日本代表团出场时，我们采取了沉默的方式，没有必要啊，显得没有气概。但是，日本电视台NHK在报道中国代表团出席的时候，就说中国代表团有多少人，中国的国家主席习近平出现在看台，显得很大气。所以，特写镜头出现的时候，解说员一定不能说别的，要么就说准，要么就不说。

还有一个技术问题,解说员一定要做战术板,每一个人每一场比赛都要做个战术板,战术板上都记录了每个人的号码、体重、位置、过往的记录,这样解说员就可以一目了然。

第五,为什么国人对宋世雄无比留恋?

宋世雄的解说成了国民的记忆,第一,他是广播时代的产物,而他擅长的是描述,在那个时候娱乐化的东西不多,他的描述特别是对中国女排的描述使人记忆尤深;第二,在听觉时代,电视表面上是给人看的,但实际上电视节目做得好不好,观众评价解说员说得好不好,最好的检验标志,不是用眼睛,而是用耳朵,因为看体育比赛本身就是个很松散的行为,如果一个解说员说得非常好,没有关注比赛的其他家庭成员也会突然走过来关注比赛。听觉上的满足,是对于电视解说员做得好不好的最好的检验标准,所以,从这个意义上讲,宋世雄成功了。

宋老师不足的地方有三处,第一,说话很急;第二,声音很尖;第三,话说得很满。但是,宋世雄成功的地方,给人留下好的印象,是因为那个时代,中国把体育当作政治的一部分,把中国女排当作精神的一部分,所以宋老师做了一个很好的传递者,并获得了美国的播音主持大奖,也是获此殊荣的唯一的中国人。

十、解说评论容易吗?个人天赋和团队配合不可少

体育解说评论看起来光鲜,其实这碗饭并好吃。这里,我想说说我的一次失败经历。几年前,我就在学校开了一门课,叫《体育解说评论》,一方面按照我自己的想法,探讨一些体育解说评论的理论问题,另一方面,通过授课来发现和培养体育解说人才,这门课在网络上有视频,已被评为省级精品视频公开课。我也想作为嘉宾,尝试一下评论一场比赛。

2013年7月1日,广州恒大客场挑战武汉卓尔队,武汉卓尔去年的时候还是中超,相对而言,我对广州恒大比较熟悉,武汉卓尔又是家乡的球队,所以,我觉得我作为评论这场比赛的嘉宾应该是非常合适的。为了解说好这场比赛,我做了大量功课,这些功课都是按照我在教科书里自己的设想,一定得有赛前采访。通过采访两个队在赛前的整个训练,可以看出武汉队主教练图拔和广州队主教练里皮完全不一样,图拔热身完了就打对抗性的训练,之后再总结几句,里皮则是分成半场、小半场、半场进行训练,然后是不同的组合,包括射门、远射、角球,像一个教授一样把时段分得很细。看完训练,我参加

了新闻发布会，之后我就做了个战术板。

但是，等我真正去了评论间，我才发现一切跟我想象的不一样。首先是赛前没有跟解说员沟通，比如，这场比赛的看点在哪里？两人从哪个角度来评说这场比赛？对武汉队来说，这场比赛是练兵还是保分？哪些人、哪些位置可能进球？这些问题都可以做预判，但我们没有。

一进演播厅，我就傻眼了，因为我和评论员两人坐的位置所看到的信号，并不像家里电视机的信号那样清晰，我根本看不清画面中那些人分别是谁，这个完全出乎我的意料。等到中场休息时我才得知，这是信号传输的一种特征，信号进来后耗散掉了，我说那就没办法，只能硬着头皮，所以在解说过程中，我尽量少说甚至不说，因为少说和不说比让别人骂"这个家伙什么都不懂，还在这里叽叽歪歪"要好得多，我宁愿观众说我是傻瓜，也不愿意被说是个疯子。

按照我们教科书上的原则，每一个解说员要想提高解说水平，一定要在解说完了以后，看一看自己的解说录像。但我从来都没看过，因为那场初次解说评论是一次痛苦的记忆。这次解说评论初体验让我得出一个结论：解说评论不是人人都能做的，第一个需要天赋，第二个需要团队的配合，这两条至关重要。

在本次演讲即将结束的时候，我想借用一句西方体育社会学家说过的一句话：体育本身没有什么学问，但想把体育说清楚，需要学问。

谢谢大家！